JN071214

小学校

新教科書 ここが変わった！

理科

寺本貴啓 編著

「主体的・対話的で深い学び」をめざす

新教科書の使い方

日本標準

はじめに

　小学校理科は子どもたちにとって何の役割があると思いますか？　知識を教えるためですか？　それとも，実験の技能を身につけさせるようにすることですか？　私が考える小学校理科の役割とは，子どもの「探究の質を高めること」と考えています。

　社会に出たとき，自分自身で問題を解決しなければならない場面に直面します。その際，より良い答えを求めるためにさまざまな解決の方法を知っていることや，最適な解決方法を選択できる判断力が必要で，「自分で問題を見いだすこと」「予想・仮説を発想できること」「実験方法を構想できること」「より妥当な判断や解釈をすること」など，小学校段階からこのような「問題解決の力」を洗練していくことが重要だと考えます。つまり，「知識・技能」を習得したということも大切ではありますが，解決のために思考する学習過程が重要といえます。

　これまでの学習の多くは，知識の暗記ができていれば成績がよかったのです。これは，「知識重視の学習観」であり，テストの成績（結果）がよければ，教師が教え込みの授業や教師主導の授業を行っても「できる子ども」「よい教師」と認められてきたわけです。

　今回の学習指導要領では，学習過程がより重視され，子ども主体の授業の重要性がより明確化される形で改訂されました。そのため，「子どもが自分自身の力で問題解決ができるかどうか」が重要になりました。それは「思考力があるかどうか」を判断する「思考・判断・表現」の評価観点を見ればわかります。たとえば小学校3年生の授業でいうと，これまでは「比較する」という思考の行為自体ができていれば高い評価が与えられていました。しかしながら，今回の改訂では「比較」はそもそも「問題を見いだす」ために必要な1つの要素として位置づけられ，これまでゴールとされていた（評価の観点とされていた）「比較」する行為自体よりむしろ，その先にある「自分自身で問題を見いだすこと」のほうが重要であると考えられるようになりました。つまり，思考力が育成されたかどうかについて，これまでは「比較する」

という行為の有無で判断していましたが，今回の学習指導要領の改訂では，「問題を見いだすことができたか」で判断することになり，子どもが問題解決の力をつけることを目的として，学習過程の重要性がよりわかりやすくなりました。

　今回の新学習指導要領では，単元内容の変更は比較的少なかったものの，さまざまな改訂がなされました。重要なキーワードを挙げるだけでも「主体的・対話的で深い学び」「資質・能力」「見方・考え方」「問題解決の力」などがあります。教科書は，学習指導要領をもとに作成されているもので，このようなキーワードの趣旨が反映されているといえるでしょう。

　本書では，今回の改訂で新たに出てきたキーワードをはじめ，教科書がどのように変わったのか，何が大切なのかなど，教科書をもとに新しい学習指導要領のポイントについて紹介をしていきます。そして，「主体的・対話的で深い学び」をめざす新教科書の「使い方」を提案します。

　私たちが，新学習指導要領の趣旨を理解し，何に留意して教科書を使っていけばよいのか理解することで，より良い授業づくりにつながると考えています。私たち授業者も授業づくりにおける「探究の質」を高め，子どもたちに"わかりやすく力がつく授業"を実践していきたいものです。

　2020年9月

寺本貴啓

目 次 contents

実践編

▨ 第3学年

▨ 第4学年

＊本書では，2019 年検定済の教科書をもとに解説しています。

新学習指導要領でめざす
理科の「主体的・対話的で深い学び」

寺本貴啓

1 新学習指導要領がめざす小学校理科での「主体的・対話的で深い学び」

1 「主体的・対話的で深い学び」でここが変わった！

(1) どうして「主体的・対話的で深い学び」なのか

　これからの時代は，**急速に変化することで先が予想しにくい時代**になるといわれています。そのため，**臨機応変に対処し，自ら問題を解決できる力や新たなアイデアを出す創造力などが求められる**といえるでしょう。また，生涯にわたって能動的に学び続けることができるようにしたり，これまでよりも他者と協力して解決したりする必要があるともいわれています。私たちはそのような時代を生きる子どもを，どのように育てるべきなのでしょうか。

　「**主体的・対話的で深い学び**」は，「**教師の授業改善の視点**」であり，教師が目標とする子どもの学びの姿です。この考え方は，新しい学習指導要領にも盛り込まれ，「知識の定着を重視した教師主導の指導方法」から「**子どもに可能な限り判断させ，子どもが考える時間を保障する指導方法**」への転換が求められます。中央教育審議会では，以下のように定義しています。

主体的な学び…学ぶことに興味や関心を持ち，自己のキャリア形成の方向性と関連付けながら，見通しを持って粘り強く取り組み，自己の学習活動を振り返って次につなげる「主体的な学び」が実現できているか。

対話的な学び…子供同士の協働，教職員や地域の人との対話，先哲の考え方を手掛かりに考えること等を通じ，自己の考えを広げ深める「対話的な学び」が実現できているか。

深い学び…習得・活用・探究という学びの過程の中で，各教科等の特質に応じた「見方・考え方」を働かせながら，知識を相互に関連付けてより深

く理解したり，情報を精査して考えを形成したり，問題を見いだして解決策を考えたり，思いや考えを基に創造したりすることに向かう「深い学び」が実現できているか。

これらを読むと，3つの学びの姿について示しているものの，それらを授業レベルで実現する具体的な方法については示されていません。そこで，以降では「主体的な学び」「対話的な学び」「深い学び」の関係を整理して，具体的にどのようにしていけば「主体的な学び」「対話的な学び」「深い学び」が成立するのかについて，モデルを使って検討していきます。

図表1　3つの学びのモデル

(2)「深い学び」とは　―「知識の概念化」や「知識の一般化」―

まず深い学びについて確認しましょう。深い学びを一言でいえば「以前よりできることが増えていること」だといえます。一般的に**「知識の概念化」や「知識の一般化」を指す**ことが多いようです。本書では主体的な学びや対話的な学びを通して，「知識の概念化」や「知識の一般化」である深い学びにつながっていくものとします。「知識の概念化」や「知識の一般化」になるには，複数の知識を習得し，それぞれの知識をつないで考えられることや，共通にいえることをまとめて考えられることが重要になります。そのため，自分自身で主体的に学び，実感をもって習得する必要がありますし，自分だけで考えるより，他者の考えを参考にしながらよりよく考える必要もあります。そのため，主体的な学び，対話的な学びが必要になります。ただし，主体的な学び，対話的な学び，深い学びになること自体が目的なのではなく，**あくまでも「資質・能力の育成」が目的で，これらはそのための手段である**ことを忘れないようにしたいものです。

（3）「主体的な学び」とは ―「主体的な学び」が成立する4つの要素―

　主体的な学びには**「自分自身で判断し行動できる」こと**が重要になります。自分自身で行動するためには，**4つの要素が必要**であることを，先ほどの図表1を使って説明していきます。

　1つめは，**「個人としての問題意識」**をもっていることです。自分自身の問題意識をもってはじめて，"やる気"が出て，追究する問題が明確になるといえるからです。しかし"やる気"だけではその先の解決にはつながりません。そこで2つめとして，自分自身で判断し行動する際に必要な**「知識・技能」**，3つめとして，ものの解釈や認識の仕方である**「とらえ方」**や，考える方法や状況に対する反応の仕方である**「考え方」**ももつ必要があります。

○○を
やって
みたい！

〈まずは問題意識の醸成から〉

　自分自身で判断し問題を解決するためには，「問題意識」「知識・技能」「とらえ方・考え方」の3つの要素で解決に向けて行動することができるようになります。しかしながら，「主体的な学び」が成立するには，あと1つ重要な要素を忘れてはいけません。それは，自分自身の考え方や行動を修正する場合についてです。自分自身で「自分の考え方や行動が間違っていないか」「間違っていた場合，どのように改善するか」という，自分の判断や行動が正しいかどうかを考えたり，方針転換をしたりする必要が出てきます。そのためこれらの3つの要素に加え，4つめとして，自分自身の考えや行動を見直したり，その後の計画を立てたりする**「メタ認知」**の要素が必要になります。このように，「主体的な学び」が成立する条件として，「問題意識」「知識・技能」「とらえ方・考え方」「メタ認知」の4つの要素がバランスよく，一部に偏らないことが必要になるのです。

(4)「対話的な学び」とは ―「対話的な学び」が成立する3つの要素 ―

　対話的な学びには「他者との対話を通して自己の考えが広げ深められる」ことが重要になります。対話で学びの質を高めるためには，3つの要素が必要になります。

　1つめは，主体的な学び同様，「問題意識」になります。こちらは，個人ではなく「集団として共通の問題意識」になりますが，集団で問題を共有することで検討する内容が明確になり，皆が同じ土台で検討できます。2つめは，「合意形成能力」です。集団で話し合うと，さまざまな意見が出てきます。集団の異なる意見から最適な解を選択する判断をするためには，意見が出し合える人間関係づくりや，誰もが納得できる落とし所を見つけるために意見を整理・調整できる力が必要だからです。3つめは，「批判的思考力」です。集団の異なる意見から最適な解を選択する判断をする際には，他者の意見の問題点を指摘したり改善点を提案したりすることも大切だからです。このように，「対話的な学び」が成立する条件として，「問題意識」「合意形成能力」「批判的思考力」の3つの要素が一部に偏ることなくバランスよく必要になるのです。

(5)「主体的・対話的で深い学び」で変わる！ 小学校理科の授業

　「主体的・対話的で深い学び」で，教師にとって授業の何が変わるのかについて，主な3つの例を以下にまとめます。

① 子どもに考えさせる時間が増える

　これまでの授業では，知識が定着しているかどうかが重視されていたことが多かったといえます。そのため，教師主導で，どんどん教え込んでも，特に問題がなかったのです。しかし，新しい学習指導要領では**思考を重視し，子どもたちに主体的な学び，対話的な学びを通して「考えさせたい」という方向性に変わります**。そのため，子どもに考えさせる時

〈子どもが考える
時間を増やす〉

間が増えますし，**子どもに任せる部分がこれまでよりも増えていく**ことが考えられます。子どもに任せるということは，その分教師もさまざまな子どもの考えに対応する必要がありますので，**教師がどこまでコントロールするか，あらかじめ考えておく**必要が出てきます。

② 教師の"お膳立て""先回り"が減る

　主体的な学びを重視することになると，**子ども自身に考えさせることが大切**になります。しかし，これまでの理科実験での例を挙げると，どのような道具が必要か，子どもに考えさせることなく教科書を見てまねをしたり，教師が実験道具の準備をしたりする事例が多々見られました。子どもたちだけで考えられないものは別として，**可能な限り教師の"お膳立て"を減らして，子ども自身に考えさせましょう。**

どんな道具を
用意すれば
いいのかな？

〈準備する道具も
考えさせたい〉

③ "板書をノートに写す"から"自分の考えをノートに整理する"へ

　新しい学習指導要領では，子どもの思考過程を評価することになります（詳しくは P.31 ～参照）。そのため，**子どもたちのノートは自分自身の考えの過程が記録されているようにしたい**です。これまでは，教師が「板書を写しましょう」などの写す指示をすることが多く，子どもは教師に言われるがまま単に写しているということがありました。主体的な学びや対話的な学びの考えを重視した場合，**ノートは教師が板書を写すよう指示するのではなく，子ども自身が考えたことを自分で判断し，自分の考えをノートに整理するような指導をしましょう。**

自分の考えは…

〈ノートに自分の考えの
過程を書いていく〉

14

小学校理科での「主体的・対話的で深い学び」"ダメ事例"

新学習指導要領では，教師の授業改善の視点として「主体的・対話的で深い学び」が示されました。このことは，教師が**これまで当たり前のように行っていた授業を再度見直し，改善することを意味します**。ここでは，当たり前のようにこれまで行ってきた授業を見直し，「主体的・対話的で深い学び」を意識した授業を行う際に，**これまでの方法では「ダメ事例」になってしまう７つの事例を紹介**します。これまでの授業を再度見直してみて，自分の授業が「ダメ事例」になっていないか確認してみましょう。

なお「主体的・対話的で深い学び」は，**あくまでも「資質・能力」の育成のため**です（「知識及び技能」「思考力，判断力，表現力等」「学びに向かう力，人間性等」）。**事例のような方法をすること自体が目的ではありません**ので，本来の目的を忘れず，授業方法の改善を行ってみてください。

これまでは，授業導入時に一部の子どもを当てて，「学級の問題」を設定することが多かったと思います。また，教科書に載っている問題を，一斉に読むという授業も見られました。これからは，評価の観点にもなっているため，**「子ども個人で問題を見いだす」**授業になるよう，発問を工夫しましょう。

ダメ事例 ②　教材の"お膳立て"をしすぎて教師主導になる

　これまでは，教師がすべての道具を準備し「今日はこれをやります」というように，教師の求める方向に強引に引っ張ることもよくありました。新学習指導要領では「実験方法を子どもたちに考えさせる」ことを求めるため，毎回でなくてもよいので，実験準備では，**教師が準備しすぎず，子どもに考えさせましょう。**

ダメ事例 ③　とにかく班で話し合わせれば"対話的"と考える

　よく「近くの人と話し合いましょう」と指示することがありますが，それは，「考えを互いに確認」「複数の考えを出し合う」「よりよい答えを考える」など，どの意味で指示をしているでしょうか？　**単なる確認を「対話的」とはいいません。対話の目的を考えて指示をしましょう。**

ダメ事例 ④　　" 子どもの準備が不十分 " なのに主体性を求めている

この事例は，主体性を重視するがあまり，子どもの準備が不十分で
あるにもかかわらず，教師が子どもに任せてしまうところに問題があ
ります。子どもに主体性を求めるならば，「子どもだけに任せて，子ど
も自身でできるのか」をあらかじめ考え，必要な知識や技能などを育
成したうえで，任せる時間を確保しましょう。

ダメ事例 ⑤　　" 主体性 " と称して教師のコントロールが不十分

この事例は，子どもの主体性を重視することと，教師がコントロー
ルせずに放任することが混在しているところに問題があります。子ど
もの主体性に任せるところと，教師がしっかり押さえるところ（ダメな
ところはしっかりとダメだと言う）をはっきりさせておきましょう。

17

ダメ事例⑥ "全体"ができていれば"一人ひとりも"できていると考える

私たちはこう考えました！

みんなでよく考えたね！

班で話し合う前に自分のノートに考えを書いてごらん

……

NG 班の代表の発表がよければ，みんなできくいると考える。

OK 一人ひとりが本当に考え，理解しくいるのか確認する。

　理科は，班で活動することが多くあります。本来は子ども一人ひとりの育成をしたいのに，個人がどの程度の理解度なのかわからないまま授業が進んでいるところに問題があります。**班で考えさせたり，答えさせたりする際は，まず個人が考えているのかをつねに意識しておきましょう。**

ダメ事例⑦ やり方を指導せずに，最初から"主体性"を求めている

みんなでやってごらん

どうやってやるの？

まずは，ここの部分だけ個人で考えてみよう

はい！

NG 最初から子どもにすべて任せている。

OK 段階的に子どもに任せている。

　子どもに主体性を求める場合，"主体的にできるための力量"が身についているのか確認する必要があります。主体性は，最初からできるものではなく，**少しずつ方法や意識面を醸成させる必要があり，段階的に育成するという意識が必要です。**

2 小学校理科の教科書「ここが変わった！」

　新しい学習指導要領が実施されるに伴って，理科の教科書も大きな改訂がされました。ここでは，「主体的・対話的で深い学び」「新単元」「資質・能力」「見方・考え方」という視点で教科書がどのような点で変わったのか，どのような工夫がされているのかについて述べていきます。教科書の工夫を知ることで，効果的な教科書の活用方法を考えていきましょう。

①「学習内容と方法」のここが変わった！

　小学校理科の学習内容は，新規に第3学年の「音の伝わり方と大小」，第4学年の「雨水の行方と地面の様子」,第6学年の「人と環境」が入りました。学年間で移動したものは,第6学年の「水中の小さな生物」(第5学年から),「光電池」(第4学年から)になり，なくなったものはありません。**これまでの学習指導要領改訂と比べると，学習内容の変更は少ない**といえます。しかし，「これから求められる力」の考え方が変わり，「知識」から「能力」の育成に重点が置かれるようになり，**授業方法は大きく変わる**ことになります。

　これまではどれだけ知識が定着しているかで評価されることが多かったために，「"教師主導の授業"でも問題がなかった時代」であったといえます。また，これまでも"子ども主体"といわれていても，"程度"については教師によって意識がまちまちでした。しかし，**これからは「"子ども主体の授業"にしなければならない時代」へ大きく変化する**ことになります。「主体的・対話的で深い学び」という考え方が今回の学習指導要領から入ることで,**「高い質の学びをめざして自ら学ぶ」ことが求められます**。教科書も自分で考え，質の高い話し合いになるように，工夫しています。

これまでの教科書は，子どもに考えさせることはあっても結果的に「問題解決の手順を教える」「考え方を教える」「知識を教える」など，「教えること」を重点に置いてきたといえます。教科書は教える内容がまとまっているものという感覚が強かったのではないでしょうか。

新しい学習指導要領では，「主体的・対話的で深い学び」が重視されるようになりました。つまり，教師主導で知識を教えることだけが重要なのではなく，対話を通して考える過程を大切にしているといえます。そこで，教科書も「主体的・対話的」な学びが促進されるようなつくりになっています。これまでの教科書でも子ども同士の対話は重視されていましたが，今回の改訂でさらに対話の場面を大切にしたり，子どもが主体的に活動できるように導く工夫をしたりしています。

たとえば，対話的な学びを授業で行う際は，**子ども同士で「どの場面で」「何について」対話させればよいのかが重要**になりますが，教科書会社が考える対話的な学びを重点的に行いたい場面で，**先生を含めた子どもたちの会話のやりとりを示して強調したり，子どものイラストを用いて対話の仕方の見本となる話し方を示したりする，工夫をしています。**

小学校理科の教科書では，とくに予想の場面や考察の場面で対話を重視するように作られているようです。主体的な学びについては，自分で考えられるように吹き出しなどで促す工夫がなされていることがあります。**教師は，吹き出しなどを参考に授業の進め方を考えるのも一つの方法です。**

食塩は水に溶けて見えなくなったから…

ねん土は形を変えても重さは変わらなかったね

ということは水よう液の重さは…

〈子どもの発言を中心に授業を進める〉

ここが変わった！ 第3学年「光と音の性質」に「音」の内容が新たに入った 〜"音"と"物の震え"の関係を調べていく〜

　今回の学習指導要領では新たに「音」についての学習内容が入りました。昔の学習指導要領でも音を扱っていた時期がありましたが，今回改めて指導の目的を変えて加わりました。今回の音の授業について**教科書では，大きく3つの内容で作られていることが多い**ようです。

　1つめは，「**音が鳴っているときは物が震えている**」ことに気づく，2つめは，「**音が大きくなるとそれに従って震えも大きくなる**」ことに気づく，3つめは，「**音は震えながら伝わっていく**」ことに気づくことです。

　音は，子どもにとって身近なものではあるけれども，改めて考える機会をつくって音の性質について考えを深めていくということになります。

　音の出る物としては，楽器を使ったり，自作の物を使ったりと教科書によって使う物は異なっているようです。たとえば楽器を使う場合では，トライアングルや太鼓など，**音が鳴っているときに震えがよくわかるような物を使っている**ことが多いようです。また，すべての子どもが触れる機会をつくるために，輪ゴムを使って音を鳴らすおもちゃなど，自作できる物を使って追究していくように示している教科書も多くあります。

　音が出る物や自作教材を扱う際の**留意点としては，① 音と震えの関係を視覚化しやすいものを扱っているか，② 最初の段階で音の質や音階に気づいてしまうようなものを扱っていないか**，があります。①については，音がすぐ止まるものではなく，鳴り続け，震えがわかる楽器（トライアングル，太鼓など）がよく，②については，ギターや鉄琴ではなく，単音が出る楽器がよいでしょう。

音が鳴っているとき，物は震えているね

〈目に見えない"音"を
"震え方"から考えていく〉

　第4学年の「雨水の行方と地面の様子」の単元は，今回の学習指導要領の改訂で新しく追加されました。これまで自然の「水」に関する学習は，同じ第4学年において，「水の三態変化」や「水の自然蒸発」がありました。今回はそれに加えて，**雨が降っているときの運動場と雨が止んで乾いた運動場を対比したり，運動場の雨水の様子を見たりして，雨水がどこにいったのかということ**を学習していきます。

　雨水の行方として，①地面にしみ込む，②運動場の外に流れる，③蒸発する，ということが実際には起きていますが，「自然蒸発」の学習をやる前に本単元を扱うために，教科書では，「雨水は運動場の外に流れ出ること」と「雨水は運動場の地面の下へしみ込む」という2つのことに絞って本単元で追究していく授業展開になっています。

　雨水が運動場の外へ流れ出ることについては，**運動場の地面の高さの違いに気づき，自分たちで考えた道具を使って運動場の高さをはかり，その高さと実際に雨水が流れる方向との関係について調べます。**一方の雨水が地面の下へしみ込むことについては，校内の運動場，砂場，畑など，場所によってしみ込み方（水のたまり方）が異なるということに気づき，その原因として，土の種類（粒の大きさ）によってしみ込み方が違うのではないかという予想をもちます。そして，その予想から**土の粒の大きさと，しみ込み方の関係について実験をして調べていきます。**

　各教科書会社は，2種類から3種類の粒の大きさが異なる土を用意して，水のしみ込む早さを比べることで雨水の行方について，これまでにあまり意識してこなかったことに，改めて気づかせるようにしていきます。

雨が降っているとき

雨が上がると…

水たまりが
できたところは…

ここが変わった！　第5学年「物の溶け方」に「均一性」の内容が新たに入った
～水の中に食塩を入れ，しばらく経つと均一に広がることを理解する～

　第5学年の「物の溶け方」の単元では，食塩やミョウバンなどの物がどのように溶けて，どのように水の中に存在しているのかについて学習していきます。今回の改訂では，**これまでの学習に加えて，さらに中学校から「均一性」の学習内容が移動してきました。**

　この「均一性」については，2012（平成24）年の全国学力・学習状況調査において出題され，子どもたちの「均一性」に関する理解が不十分であることが明らかになりました。たとえば，食塩を水に溶かす際に「時間が経っても均一に広がらない」という考えや，「食塩は重いので沈む」「下のほうほど濃くなる」という考えをもっていることが数多く確認されたわけです。**そのため，本単元では水の中に食塩やミョウバンなどを入れ，しばらく時間をおいて観察し，時間が経つと水の中で均一に広がっているということを確認します。**

　「均一性」について，子どもの疑問を生かして問題解決をする場合，子どもは，「水溶液が入っている入れ物のさまざまな深さで，少しずつスポイトで液を取り，その液を蒸発させたり重さをはかったりすることで，食塩の濃さが異なるのかどうかで調べたい」と，実験方法を考えることがあります。しかし実際には，スポイトを入れる際に水が混ざってしまうまくいかないことが多いようです。そのため，色のついたコーヒーシュガーを溶かす方法などを教師が提示して**確認実験で済ませている教科書も多く見られます。**

　第5学年は，子どもたち自身に実験方法を考えさせることをとくに大切にする学年ではありますが，何が何でも子どもに考えさせなければならないというわけではありません。子どもだけで考えにくいものは，教師が手助けすることも大切なのです。

水よう液の中で溶けた物はどうなっているのだろう？

新学習指導要領では，小学校の教育課程のどこかでプログラミング教育を入れるということになりました。6 年間のどこかの教科や時間でプログラミング教育を行えばよいということになります。このことから，理科での扱いも，教育課程内のどこかで扱う「選択肢の一つ」になっています。

多くの教科書は，「やってみよう」という扱いになっており，必ず理科でやらなければいけないという意味では扱っていません。したがって，小学校理科の教科書では「小学校理科で行う場合はこういう扱い方がてきます」という意味で掲載されています。どの教科書も理科の目的を達成し，プログラミングの体験と最も親和性が高い，第 6 学年「電気の利用」の単元で扱われています。

「電気の利用」でプログラミングを行う際は，理科の学習が深まるようにプログラミングの体験を行うことが前提となっています。そのため，**日常生活でのプログラミングの活用を知り，実際にプログラミングの体験を通して「電気の省エネ」についての学習を深めていきます。**各教科書会社は，プログラミングの体験の時間を **3 時間から 4 時間程度使う前提で作っていることが多い**ようです。

どの教科書も，第 6 学年「電気の利用」以外の単元でプログラミングは扱っていません。その理由としては，中央教育審議会から小学校理科の「電気の利用」で例が出たということもありますが，ほかの単元ではなかなかプログラミングの体験を通して，「該当単元の理科としての学習内容が深まる」ということが難しいからです。理科の時間なのに，「プログラミング自体の学習にいつの間にかなってしまっている」ことがないようにするために，プログラミングの体験の仕方には留意が必要です。

「暗くなったら明かりがつき，明るくなったら消える」というプログラムなのね

人が来たら明かりがつくプログラムもつくれそうね

「指導方法」のここが変わった！

新学習指導要領では，「資質・能力」という言葉が新たに出てきました。この「**資質・能力**」は子どもを育成したい**ゴール**みたいなものであり，「**知識及び技能**」「**思考力，判断力，表現力等**」「**学びに向かう力，人間性等**」の**3つの柱で構成**されています。これらは評価と関係しており，「知識及び技能」を「**知識・技能**」に，「思考力，判断力，表現力等」を「**思考・判断・表現**」に，「学びに向かう力，人間性等」を「**主体的に学習に取り組む態度**」にして評価の観点を対応させています。なお，「思考・判断・表現」については，さらに，「問題を見いだす力」「根拠のある予想や仮説を発想する力」「解決の方法を発想する力」「より妥当な考えをつくりだす力」の4つに分け，各学年で主に育成する力を示しています。

このように，指導の目的や評価がこれまでの学習指導要領と大きく変わるため，それに伴って教科書を使った指導方法も変わるのです。ここからは，教科書を使った指導方法がどのように変わるのかについて解説していきます。

【知識・技能】

「知識・技能」については，新しい学習指導要領になったからといって教科書が大きく変わることはありませんが，**教科書の使い方は変わる**と考えられます。

まず「知識」については，「**どれだけ多く，深く理解しているか**」ということが重視されます。これまでは授業の最後で結果としてどれだけのことを覚えていたかということで評価をすることが多かったですが，これからは学習過程で意味を理解しながら丁寧に理解するという，**知識の理解に至る過程も重視される**ことになります。したがって，教科書の扱い方としては，**単にまとめの部分を覚えることを大切にする指導ではなく，問題の発見から予想，実験方法を考えるということも含めて手順を踏んで丁寧に意味を理解して学習していく**ということが求められます。

次の「技能」については，「**実験の機器や器具などが正しく扱えているの**

かということ」と，結果から考察をしていく際に「**実験の結果を根拠に，結果を明確にするための記録をすること**」の2つが求められます。

正しい方法でやっているかな？

〈一人ひとりの実験技能を見取る〉

実験の技能について，これまでの教科書のつくりとそれほど表記としては変わっていませんが，実際に授業を行う際には，**教科書を見て確認し，暗記するという指導ではなく，実際に子どもに方法を考えさせてから教科書を使って確認していくという流れが大切**になっていきます。

【思考・判断・表現】

「思考・判断・表現」については，① 問題を見いだす力，② 根拠のある予想や仮説を発想する力，③ 解決の方法を発想する力，④ より妥当な考えをつくりだす力，の4つに分けて述べていきます。

① 問題を見いだす力

「問題を見いだす力」は，**主に第3学年で育成したい力**になります。これまでの学習指導要領では，とくに評価の観点として位置づけられていなかったために，学級全体で問題を見いだすことが一般的だったといえます。なかには，教師が最初から教科書に載っている問題を示すこともありました。しかし**これからは，子ども一人ひとりが自分の力で問題を見いだしたかどうかが重要**になります。そのため，学級での問題をつくる前に，子ども一人ひとりに問題を考えさせ，ノートに書くなど表現させる時間をつくる必要があり

問題をみんなで読みましょう

問題・モンシロチョウはどのように大きくなるのか

これまで 教師が問題を与える，教科書の問題を読む。

いろいろな発見があったね

発見・き問・チョウはいつ飛べるようになるのかな・バッタはどんなところにいるのかな

自分の問題をノートに書きましょう

これから 子ども自身が問題を見いだす。

ます。

　つまり，**新しい教科書を活用した指導方法として，最初の段階から教科書の「問題」を見せてしまうのではなく，「まずは自分で考える」という手順で問題を考える指導が必要になります。**

② 根拠のある予想や仮説を発想する力

　「根拠のある予想や仮説を発想する力」は，**主に第4学年で育成したい力**になります。これまでの理科の授業のなかでも予想をさせることは多かったと思います。しかしながら，これからは「根拠のある予想」が必要になります。

　ここでの「根拠のある」とは，子どものこれまでの学習や生活経験をもとに根拠をもって予想することを意味します。つまり，**これまでのように「○○だと思う」というような予想だけでは不十分であり，必ず根拠をつけるような指導をしていく必要があります。**なお，学習場面によっては予想自体がやりにくい場合もあります。そのような場合は，予想自体を行わないため，教師が予想可能かどうかを，あらかじめ考える必要があります。

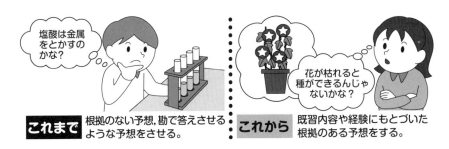

塩酸は金属をとかすのかな？	花が枯れると種ができるんじゃないかな？
これまで 根拠のない予想，勘で答えさせるような予想をさせる。	**これから** 既習内容や経験にもとづいた根拠のある予想をする。

③ 解決の方法を発想する力

　「解決の方法を発想する力」は，**主に第5学年で育成したい力**になります。これまでも，子ども自身に実験の方法を考えさせることはありました。しかし，これまではとくに評価の観点として位置づけられていたわけではなかったため，教師によって実験方法を考えさせるかどうか指導方法が異なっていました。しかし**これからは，子ども一人ひとりが実験の方法を発想すること**

ができたかどうかが問われるようになります。

　そのためすぐに班や学級で実験方法を話し合うのではなく，**まず個人で問題を解決するためにはどのような実験方法を行えばいいのかを考え，それから班や学級で実験方法を確認したり，考えたりしていく手順が必要です。**

④ **より妥当な考えをつくりだす力**

　「より妥当な考えをつくりだす力」は，**主に第6学年で育成したい力**になります。ここでは，**とくに結果から考察を表現していく際に複数の結果や考えをもとにして，より信頼性や妥当性がある考察になるように考えていくことになります。** これまでも信頼性や妥当性がある考察をしてきたと思いますが，これまでの授業の多くは，班での検討はお任せで，学級で検討することに重点がおかれていたように思います。**しかしこれからは，より妥当な考えをつくりだせるように，学級での検討の前に，まず子ども一人ひとり，そして班で十分に検討する時間を保障した後に学級で検討する手順をもつことが必要になります。**

【主体的に学習に取り組む態度】

　これまでは「関心・意欲」の観点で評価していたものを，これからは「主体的に学習に取り組む態度」という観点で評価していきます。名前が変わるということは，その意味も変わります。

　これまでの「関心・意欲」であれば，ある事象に対して「おもしろい！」と感じて興味をもった段階で「関心・意欲」があるといえるでしょう。一方の「主体性」は，単に物事に興味をもつだけでは不十分になります。理科でいう「主体性」とは，「関心・意欲」をもったうえで，何かしらの調べたい目標ができ，問題解決の過程全体において自分自身で問題を追究しないと「主体的である」といえません。

　文部科学省では，「主体的に学習に取り組む態度」の評価基準として，大きく２つのことを示しています。１つめは，**「現象に進んで関わり，他者と関わりながら問題解決しようとしている」**，２つめは，**「学んだことを学習や生活に生かそうとしている」**です。つまり，「主体的に学習に取り組む態度」とは次のような定義が成り立つといえるでしょう。

① 問題解決に対する意欲が解決過程全体を通して持続し，
② 他者と関わりながら主体的に取り組み，
③ 学習結果を次の学習や生活に生かしている　こと

　このように，①を前提として，②や③が成立していなければ「主体的に

学習に取り組む態度」ではないといえます。このことから，新しい教科書での「主体的に学習に取り組む態度」は，**授業の一場面だけで「関心・意欲」を考えるのではなく，授業全体を通して「関心・意欲」が持続して，子ども自身で解決に向かうために取り組んでいるかどうかで考える**必要があります。

③「見方・考え方」を働かせることでここが変わった！

　新学習指導要領では，新たに「見方・考え方」という用語が入りました。この「見方・考え方」がどうして示されたかというと，**教科や領域ごとで特徴的な「見方・考え方」があり，これらの「見方・考え方」を働かせることは，教科や領域における大切な力である**と考えられているからです。理科で問題解決をする際には，科学的に解決していくための「見方・考え方」があり，それを子ども自身で使いこなせて，「資質・能力」の育成につなげていきたいという考え方にもとづいているわけです。しかし留意すべき点は，**あくまでも教科の目的は「資質・能力」の育成であり，「見方・考え方」を働かせること自体ではない**ということです。

　まず「考え方」については，これまで言われてきた「問題解決の能力」のことをほぼ指しており，「比較」「関係付け」「条件制御」「多面的に見る」といった4つの考え方を指します。一方の「見方」については，「エネルギー」「粒子」「生命」「地球」の領域ごとで，それぞれ**「量的・関係的」「質的・実体的」「共通性・多様性」「時間的・空間的」という，主に働かせる見方が決められています。**また，それ以外にも領域に依存しない**「部分と全体」「原因と結果」**

図表2　新学習指導要領の「見方・考え方」

見　方

領域	
エネルギー	量的・関係的
粒子	質的・実体的
生命	共通性・多様性
地球	時間的・空間的
領域関係なし	部分と全体 原因と結果 定性と定量

考え方

学年	
第3学年	比較
第4学年	関係付け
第5学年	条件制御
第6学年	多面的に見る

「定性と定量」などの見方もあります。

　新しい教科書では，「見方・考え方」を働かせやすいように，子どもたちの吹き出しを使って促したり，使い方のヒントを明示したりしています。

④ 「評価」の方法，ここが変わった！

(1) 4観点から3観点へ変更

　新学習指導要領では「資質・能力」の3つの柱（「知識及び技能」「思考力，判断力，表現力等」「学びに向かう力，人間性等」）で評価することに伴い，どの教科も**「知識・技能」「思考・判断・表現」「主体的に学習に取り組む態度」という3つの観点で評価の観点が統一**されました。

図表3　小学校理科における新旧学習指導要領による評価観点の違い

2017年版学習指導要領	2010年版学習指導要領
○ 知識・技能 ○ 思考・判断・表現 ○ 主体的に学習に取り組む態度	○ 自然事象への関心・意欲・態度 ○ 科学的な思考・表現 ○ 観察・実験の技能 ○ 自然事象についての知識・理解

　これを見ると，① 知識と技能が1つの観点になったこと，② 「関心・意欲・態度」から「主体性」が求められるようになったことが大きな変更点といえます。「知識・技能」「思考・判断・表現」「主体的に学習に取り組む態度」という3つの観点について，どのように変わったか見てみましょう。

(2) 「知識・技能」について

　「知識・技能」の評価は，「知識・技能」を2つに分けて見てみると，今回の改訂（2017年版）と2010年版は基本的には大きな違いはありません。「知識」については，学習内容を理解しているかどうかで評価しているという点では変わりません。一方の「技能」については，以前は，実験の実施手順全般や器具の扱い方，結果の記録の仕方ができているかどうかで評価をしていましたが，今回は，実験道具などを使用する意味や目的を理解し，正し

く扱われているかという「**器具や機器などを目的に合わせて扱うこと**」と，結果をまとめる際に的確に情報を記録したり，表やグラフに整理したりしているかという「**得られた結果を適切に記録すること**」という観点で評価します。

(3)「思考・判断・表現」について

「思考・判断・表現」の評価は，今回の改訂と 2010 年版を比較すると大きく異なっています。2010 年版では，「思考・表現」の評価を「問題解決の能力」と呼ばれる「比較しているか」「関係付けをしているか」「条件制御を意識しているか」「推論をしているか」の 4 つの観点で評価することになっていました。今回の改定では，**新しく「問題解決の力」といわれる**，問題解決過程において 4 つの観点ができたかどうかで評価することになります。「問題解決の力」は，「**問題を見いだしているか**」「**根拠のある予想・仮説を表現しているか**」「**実験方法を構想しているか**」「**より妥当な考えを導いているか**」であり，**これを各学年で主に育成・評価する**ことになります。

図表 4 「思考・判断・表現」の評価内容の変更点

【これから】
「問題解決の力」

	主に第3学年
差異点や共通点を基に， 問題を見いだす力	

	主に第4学年
既習の内容や生活経験を基に， 根拠のある予想や 仮説を発想する力	

	主に第5学年
予想や仮説を基に， 解決の方法を発想する力	

	主に第6学年
より妥当な考えを つくりだす力	

【これまで】
「問題解決の能力」

	主に第3学年
身近な自然の事物・現象を 比較しながら調べる	

	主に第4学年
自然の事物・現象を働きや時間 などと関係付けながら調べる	

	主に第5学年
自然の事物・現象の変化や働きを それらに関わる 条件に目を向けながら調べる	

	主に第6学年
自然の事物・現象についての要因や 規則性，関係を推論しながら 調べる	

　なお，新学習指導要領から「見方・考え方」という新しい考え方が入ったことで，これまでの「比較」「関係付け」「条件制御」「推論」は「考え方」と呼ばれるほうに入りました。つまり，これまでは「比較」「関係付け」「条件制御」「推論」ができているかどうかで「思考・表現」の評価をしていましたが，**これからは「比較」「関係付け」「条件制御」「推論」ができていたかどうかでは評価はしません**。この理由として，これまでの「比較」「関係付け」「条件制御」「推論」は考えるためのスキルに近いものであり，これまではたとえば「比較」することができていたとしてもその後の問題解決を「やりきったかどうか」までは求められていなかったからです。このように，これまでのような**思考スキルを使えたかどうかではなく，「自分で問題解決をやりきったかどうか」まで見取る点で，大きな違いがある**といえます。

（4）「主体的に学習に取り組む態度」について

　「主体的に学習に取り組む態度」の評価においても，**今回の改訂と2010年を比較すると大きく異なっています**。観点名を見ると，今回の改訂では，「主体的に学習に取り組む態度」である一方で，2010年版では，「自然事象への関心・意欲・態度」になっており，表現が異なっていることがわかります。ここで「主体性」と「関心」「意欲」がどのように異なるか調べると（「デジタル大辞泉」小学館；2020.9現在），以下のように意味も異なっていることがわかります。

図表5　「主体性」，「関心」「意欲」の用語の違い

2017年版学習指導要領		2010年版学習指導要領	
主体性	自分の意志・判断で行動しようとする態度。	**関心**	ある物事に特に心を引かれ，注意を向けること。
		意欲	進んで何かをしようと思うこと。また，その心の働き。

　図表5にあるように，「主体性」は，「行動している」ところまで意味が含まれている一方で，「関心」や「意欲」については，心の動きが主であり，行動が伴うところまでは求められていないことがわかります。

実際，2010年版では，「関心・意欲・態度」の評価をする際に，心の動きのみから，行動までが伴っている場合まで，幅広い解釈で評価がなされていました。しかし，今回はしっかりと行動が伴うところまで求められ，**単に「やってみたい」と心が動くだけでは不十分であるという点に留意したい**ものです。つまり，「関心・意欲」と「主体性」はまったく意味が異なるため，これまでの「関心・意欲・態度」を評価していたときのように，**授業の最初の場面で主体性を評価することは難しいのです。**

　なお，「関心・意欲」自体が不要という意味ではなく，主体性の前提に「関心・意欲」があると考えられるため，これまで通り「関心・意欲」をもつような授業づくりも求められます。

(5) 評価が変わることに伴うこれからの課題

　ここでは，変更される評価方法によって，これから考えられる課題や留意点について，観点別にて述べていきます。

①「知識・技能」について

　知識・技能については，これまでとほとんど変わらないといえます。しかし技能の評価については，実験技能が一人ひとりに実際に身についているかどうかを見取る時間をしっかりと設定しているか，また見取ることができているのかは，教師によって違いがあります。そのため，**「知識・技能」についての課題は，実際に一人ひとりを見取るための手立てを考えることに課題があると考えられます。**

②「思考・判断・表現」について

　思考・判断・表現については，4つの観点について分けて述べます。

【差異点や共通点をもとに，問題を見いだす力】

　これまで問題を設定する際は，個人で行うというより学級全体で話し合うなかで，一部の子どもを当て「学級としての」問題を教師主導でつくってい

ることが多かったようです。そのため教師によっては，教科書に載っている
問題をそのまま「問題」として板書して提示することもありました。

　これからは，子ども一人ひとりが問題を見いだせるようにする必要がある
ため，次のように導入をすると良いでしょう。なお，子ども一人ひとりが問
題を見いだしているかどうか，ノートに表現させる時間を十分に設定する必
要があります。

【導入の手順】
① 「個人の気づき」をノートに表現させ，**自分の考えを明らかにする**
② 「個人の疑問」をノートに表現させ，**疑問を出しやすいようにする**
③ 個人が考えた疑問を班や学級で共有し，**さまざまな疑問を知る**
④ 他者や自分の疑問を参考にし，**個人で問題を設定する**
⑤ 個人で設定した問題を学級で共有し，**学級としての問題を設定する**

【既習の内容や生活経験をもとに，根拠のある予想や仮説を発想する力】

　これまでは，教師の指導の考え方次第で，予想
させたりさせなかったりしていました。しかし**こ
れからは，予想の根拠を表現しなければ評価の
「B」にもなりません。**そのため教師の指導とし
ては，**子ども自身の力で予想ができるかどうか，
根拠となり得る生活経験や既習事項があるかどう
か，**についてあらかじめ考えて子どもに予想させ
る必要があります。

　なお，ここでも子ども一人ひとりが根拠のある
予想を発想しているかノートに表現させる時間を
十分に設定する必要があります。

火が燃えると
けむりが
出てくるから
消えると思う

〈予想には根拠をつける〉

【予想や仮説をもとに，解決の方法を発想する力】

　これまでは，実験方法などの解決の方法は学級全体で考えさせることが中

心でした。しかしこれからは，子ども自身に実験方法を考えさせ，考えられたかどうかを評価します。そのため教師の指導としては，**子ども一人ひとりが解決の方法を発想できているかどうか判断するため，ノートに表現させる時間を十分に設定する必要があります**。なお，なかには子どもだけでは解決方法が発想できない観察や実験があります。その際は，どこまで教師が教え，どこから子どもに考えさせるのかバランスを考える必要があります。

【より妥当な考えをつくりだす力】

　「より妥当な考えをつくりだす力」は，考察の場面を中心に，問題解決全体で行うことになります。考察をまとめる際，これまでは学級として教師主導でまとめることが多かったといえます。

　これからは，**子ども一人ひとりに複数の情報から考えさせたり，考えを十分吟味させたりすることが求められます**。そのため，子どもがどの程度まで考えられれば妥当なのか，教師があらかじめ考えて子どもに考えさせる必要があります。つまり「より妥当な考え」をどこで評価するのか，どの程度できることが評価の「A」なのか考えること，そのために教師がどこまで介入

	Ⓐ 色・つや	Ⓑ 塩酸を注いだとき	Ⓒ 水を注いだとき
アルミニウム	うすい銀色（つやがある）	あわを出して，とけた。	とけなかった。
アルミニウムがとけた液から出てきた固体	しろ色（つやがない）	あわを出さずに，とけた。	とけた。

ひろしくんの班は，どんな結果になったの？

ぼくたちの結果は…

〈複数の結果から考えることで
より妥当な考えにする〉

するのか，バランスが難しくなると考えられます。

③「主体的に学習に取り組む態度」について

　主体的に学習に取り組む態度については，１時間単位で評定のための評価をするのではなく，単元単位で評価する必要があります。また，学習に取り組む**「関心・意欲」のような意識的なものではなく，実際に学習に対して自分事として問題解決をしていることが重要になります。**そのため，子どもの「見取り方」に課題が出てくると考えられます。たとえば，「授業の導入時にたくさんの発言を行ったから主体的である」「意欲的に問題を見いだしている」「意欲的に実験に参加している」など，**授業の一場面だけで評価をするのではなく，問題解決の最初から最後までの一連の流れ全体で自分事として問題解決をしているかを評価する**ことが重要です。

図表6　複数の場面で意欲の継続を見取る

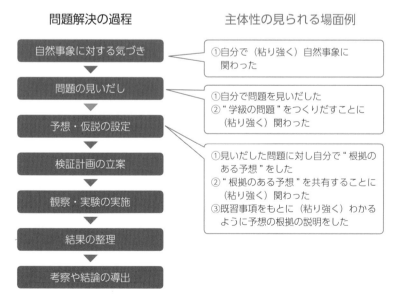

3 新教科書に対応した指導案(授業)づくりの手順
~指導案の作成から新学習指導要領の違いを知る~

① 指導案作成の手順

　指導案を作成する際，どのような手順で行っていますか？　本時の授業は丁寧に考える一方で，単元計画は教科書会社の資料をそのまま参考にして……というようなこともあると思います。本節では，新しい学習指導要領となるにあたって，指導案の作成でどのような点に留意すればよいのかについて整理していきます。

　まず，本書で説明する指導案の構成について確認します。下のように1～6の項目で示す前提で説明していきます。指導案に関しては，学校単位で書き方が異なっていますが，**最低限必要な要素を考えると，これまで作成してきた構成とまったく変わっていません。**学校によっては新しい学習指導要領の趣旨をより具現化するために，「主体的・対話的で深い学び」や「見方・考え方」の項目を新たに指導案の項目として書き入れる場合もあります。

　上述のように，本書で扱う**指導案の項目については，これまでの指導案のつくりと変わっていませんが，なかの表記の仕方が変わってきます。**以降からは，指導案の作成の手順に沿って具体的にどのように表記を変えていくのかについて説明をしていきます。

【本書の指導案の構成】
1. 学年，単元名
2. 単元の目標
3. 単元について
4. 児童について
5. 単元指導計画
6. 本時の学習指導
   (1) 本時の目標
   (2) 展開
   (3) 評価

これまでの構成と変わらないね

図表7　授業の方向性を決めるまでの指導案作成の手順

単元の目標を確認して，ゴールのイメージをする

① 単元目標の確認
② 評価規準の確認

単元計画全体を見て「資質・能力」の評価観点を配置する

③ 学年の「思考・判断・表現」の評価場面を考える
④「知識・技能」「主体的に学習に取り組む態度」の評価場面を
　考える
⑤「評価を記録する授業」と「記録しない授業」を確認

本時のなかで働く「見方・考え方」を確認する

⑥ 働かせる「見方・考え方」を考える

本時で何が大切か考える

⑦ 問題解決のゴールから「問題」をあらかじめ想定する
⑧「問題」を解決するための授業展開を考える

② 単元の目標を確認して，ゴールのイメージをする

① 単元目標の確認

　指導案を作る際は，まず単元の目標を確認します。新しい学習指導要領解説理科編の各単元の部分を見てみると，四角で囲まれた部分があり，その後に説明の文章があります。この四角の部分に端的に育成したい内容が示されているのですが，「ア」の部分は，資質・能力の「知識・技能」について示されており，「イ」の部分は，資質・能力の「思考・判断・表現」について示されています。このことからわかるように，四角で囲まれた部分には「主体的に学習に取り組む態度」が含まれていません。

　そこで，資質・能力の3つの柱に対応した観点が含まれる単元の目標を確認する際は，**四角で囲まれた部分の少し下の部分を確認します**。次ページの図表8は，第4学年「雨水の行方と地面の様子」の解説書の部分です。

図表 8　学習指導要領解説理科編（抜粋）

（3）雨水の行方と地面の様子

　雨水の行方と地面の様子について，流れ方やしみ込み方に着目して，それらと地面の傾きや土の粒の大きさとを関係付けて調べる活動を通して，次の事項を身に付けることができるよう指導する。

ア　次のことを理解するとともに，観察，実験などに関する技能を身に付けること。

　（ア）水は，高い場所から低い場所へと流れて集まること。

　（イ）水のしみ込み方は，土の粒の大きさによって違いがあること。

イ　雨水の行方と地面の様子について追究する中で，既習の内容や生活経験を基に，雨水の流れ方やしみ込み方と地面の傾きや土の粒の大きさとの関係について，根拠のある予想や仮説を発想し，表現すること。

> 2 観点のみ
> 入っている

　本内容は，「地球」についての基本的な概念等を柱とした内容のうちの「地球の内部と地表面の変動」，「地球の大気と水の循環」に関わるものであり，第 5 学年「B（3）流れる水の働きと土地の変化」，第 6 学年「B（4）土地のつくりと変化」の学習につながるものである。

　ここでは，児童が，水の流れ方やしみ込み方に着目して，それらと地面の傾きや土の粒の大きさとを関係付けて，雨水の行方と地面の様子を調べる活動を通して，それらについての理解を図り，観察，実験などに関する技能を身に付けるとともに，主に既習の内容や生活経験を基に，根拠のある予想や仮説を発想する力や主体的に問題解決しようとする態度を育成することがねらいである。

> 3 観点が
> 入っている

　（ア）雨水が地面を流れていく様子から，雨水の流れ方に着目して，雨水の流れる方向と地面の傾きとを関係付けて，降った雨の流れの行方を調べる。これ

　第 4 学年「雨水の行方と地面の様子」を例にすると，赤い四角で示した部分を参考にして，単元目標を考えるとよいでしょう。

　さて，この部分を具体的に見てみましょう。今回の，「雨水の行方と地面の様子」で，各観点の部分を太字にしてみると，3 観点が入っています。

　水の流れ方やしみ込み方に着目して，それらと地面の傾きや土の粒の大きさとを関係付けて，**雨水の行方と地面の様子を調べる活動を通して，それらについての理解を図り，観察，実験などに関する技能を身に付ける**（知識・技能）とともに，主に既習の内容や生活経験を基に，**根拠のある予想や仮説を発想する力**（思考・判断・表現）や**主体的に問題解決しようとする態度**（主体的に学習に取り組む態度）を育成する

　なお単元の目標は，教科書会社の「教師用指導書」や「朱書き書」などを参考にすることもできます。教科書会社も学習指導要領解説理科編をもとに作っていますので，単元の目標は内容としては変わりません。**教科書によって授業の進め方が異なることや，わかりやすい表現に変えていることがありますので，各教科書会社の単元の目標を参考にしてもよいです。**多くの教科書会社は，WEB サイトで「単元指導計画」を公表しており，そこに単元の目標を公表していますので，教師用指導書がなくても確認することができます。

② 評価規準の確認

　評価規準は，各単元で何を評価するのか大まかに示したものになります。この評価規準は，各学校や教員が作成していくという前提で，文部科学省から評価規準作成のための資料が出ています。これは具体的に，どのような手順で評価規準を作るのかが説明されているもので，文部科学省の WEB サイトで公表されています（「『指導と評価の一体化』のための学習評価に関する参考資料」と検索）。

　実際には，次ページのように学習指導要領をもとに評価規準を作成することになります（図表9）。評価規準は，学習指導要領の文言を型に流し込むだけでつくることはできます。これらをもとに，各授業のなかでどのように評価するのか，具体的な評価規準をつくっていくことになりますが，学校や教科書会社で作成された評価規準をもとに，これから行う授業についてどの時間にどのような評価をするのか大まかなイメージを掴むとよいでしょう。

	知識及び技能	思考力，判断力，表現力等	学びに向かう力，人間性等
学習指導要領	ア　次のことを理解するとともに，観察，実験などに関する技能を身に付けること。 (ア) 物は，形が変わっても重さは変わらないこと。 (イ) 物は，体積が同じでも重さは違うことがあること。	イ　物の形や体積と重さとの関係について追究する中で，差異点や共通点を基に，物の性質についての問題を見いだし，表現すること。	※内容には，学びに向かう力，人間性等について示されていないことから，該当学年の目標 (3) を参考にする。

	知識・技能	思考・判断・表現	主体的に学習に取り組む態度
評価規準	・物は，形が変わっても重さは変わらないことを理解している。 ・物は，体積が同じでも重さは違うことがあることを理解している。 ・観察，実験などに関する技能を身に付けている。	物の形や体積と重さとの関係について追究する中で，差異点や共通点を基に，物の性質についての問題を見いだし，表現している。	物の性質についての事物・現象に進んで関わり，他者と関わりながら問題解決しようとしているとともに，学んだことを学習や生活に生かそうとしている。 ※学年・分野別の評価の観点の趣旨のうち「主体的に学習に取り組む態度」に関わる部分を用いて作成する。

③ 単元計画全体を見て「資質・能力」の評価観点を配置する

　図表10の単元指導計画の例を見てみてください。この単元計画には資質・能力の3つの柱にもとづいた評価の観点（「知識・技能」，「思考・判断・表現」，「主体的に学習に取り組む態度」）について書き込んでいます。**本時の授業計画を立てる前にまずは単元指導計画をもとに，どの時間にどのような観点で評価するのかということを決定します**。ただし，これらの3つの観点を配置する際に，後述の③～⑤のような順でそれぞれの観点を配置していくとわかりやすくなります。以下，その順番について説明をしていきます。

各単元で評価から授業づくりを考えたい

図表10　指導案の単元指導計画部分の抜粋（例）

指導区分		時間		学習内容
第1次	雨水はどこに行くのか	3	1	雨の日と晴れの日の校庭の様子を比較し，水たまりの様子について気づいたことや疑問に思ったことから，雨水の流れ方について調べる問題を見いだす。【思考・判断・表現】 ＊問題の見いだし
			2	雨水はどこからどこへ行くのか，これまでの学習や経験をもとに予想し，地面の傾きと雨水の流れ方や集まり方についてまとめる。【知識・技能】
第2次	水のしみ込み方はどうして違うのか	2	1	雨が降った後の校庭と砂場の地面の様子を比べて，問題を見いだし，土や砂の粒の大きさによる水のしみ込み方の違いについて予想する。【思考・判断・表現】
			1	土や砂の粒の大きさによる水のしみ込み方の違いを調べ，水のしみ込み方についてまとめ，雨水の行方と地面の様子について，学んだことをまとめる。【主体的に学習に取り組む態度】

③ 各学年で主に育成する「思考・判断・表現」の評価場面を考える

　単元計画を概観して，3つの評価観点を配置するためには，どれから配置していけばよいのでしょうか。この場合，まずはその学年で主に育成する「思考・表現」から配置を考えるとよいでしょう。

　学年で主に育成する「思考・判断・表現」は，各学年で主に育成する「問題解決の力」を指しています。**第3学年であれば「問題を見いだす力」，第4学年であれば「根拠のある予想や仮説を発想する力」，第5学年であれば「解決の方法を発想する力」，第6学年であれば「より妥当な考えをつくりだす力」**になります。

　たとえば，今回のように第4学年の「雨水の行方と地面の様子」の単元であれば，第4学年で主に育成する「思考・

図表11　各学年で主に育成する問題解決の方法

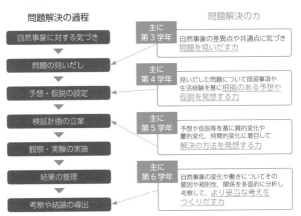

判断・表現」の観点としては「根拠のある予想や仮説を発想する力」を単元計画のどこの時間で評価するのか決めることになります。

　なお，その学年で主に育成する「思考・判断・表現」ですが，評価できるすべての場面で評価をする必要はありません。**1 単元に最低 1 回はその学年で重視されている「思考・判断・表現」を評価する程度が目安**になります。

④「知識・技能」「主体的に学習に取り組む態度」の評価場面を考える

　その学年で主に育成する「思考・判断・表現」の評価観点を単元計画のどこかに設定した後は，残りの授業について何の評価観点をどこに入れるのか決めることになります。重要な点は，**3 つの観点（「知識・技能」「思考・判断・表現」「主体的に学習に取り組む態度」）がバランスよく配置されること**です。単元によって特徴があるため，単元として能力を評価しやすい部分から順に決めていくとわかりやすくなります。

〈3 つの観点をバランスよく〉

　「知識・技能」に関しては，単元の特徴によります。**顕微鏡を使うような実験道具を扱う技能**や，**実験結果からノートにまとめる技能**を重視するような単元であれば，「知識・技能」を**実験中や実験後の時間に優先的に配置**します。また単元の最後に知識の整理や確認をして，**知識の定着を評価したいのならば，単元の最後のほうに優先的に配置**することになります。

　「主体的に学習に取り組む態度」の単元計画への評価観点の配置に関しては，2 つの考え方があります。1 つめは，**「単元の最後に教員が単元全体を振り返って評価するので，単元の最後に配置する」**という考え方，2 つめは，**「単元の最後に書いても具体的にどこで評価したらよいのかわからないので，より主体性が評価しやすい授業時間に配置する」**という考え方です。

　なお，「主体的」は，これまでの「関心・意欲」とは異なるため，問題解

 解説編

決の最初のほう（導入場面や予想の場面など）では「主体性」を評価すること
が難しくなるため，**一般的には問題解決の後半に配置する**ことになります
（「関心・意欲」と「主体性」の違いについては P.29 参照）。

⑤「評価を記録する授業」と「記録しない授業」を確認

　これまでの評価は，「関心・意欲・態度」や「知識・理解」「技能」「思考・
表現」の何れかの観点について毎時間評価をすることが一般的でした。場合
によっては，1 時間で複数の観点を評価することもありました。

　今回の学習指導要領の改訂では，「評価を記録する授業」と子どもたちの
様子を見取ることはするが「評価の記録をしない授業」の両方があってもよ
いことになっています。

　○○くんはBだな…　　　　　どこまでできるようになったかな？

記録をする授業　　　　　　　記録をしない授業

〈評価の記録をする授業なのかあらかじめ考える〉

　たとえば，10 時間の単元があったとすると，3 つの観点（「知識・技能」「思
考・判断・表現」「主体的に学習に取り組む態度」）を最低 1 つずつどこかで評
価していればその単元で 3 観点を評価したことになります。極端な話，ほ
かの時間は，人数が多いので評価の記録をしない授業でもよいということに
なります。しかし実際には，何時間かかけて，子ども一人ひとりについて 3
観点で評価することも考えられます。また，第 4 学年の単元であっても，「思
考・判断・表現」の評価観点である「根拠のある予想や仮説を発想する力」
ではなく，第 3 学年の「思考・判断・表現」の評価観点である「問題を見
いだす力」を評価したいという場合もあります。

　このように，「評価を記録する授業」と「評価の記録をしない授業」をつ

くることで，たとえば，植物の観察を何日もかけて観察し続けるときの評価のように，何時間かの授業をまとめて評価することが可能となり，より現実的な評価が可能となります。

本時のなかで働く「見方・考え方」を確認する

⑥ どの「見方・考え方」を働かせることが授業の中心となるか考える

「見方・考え方」は，資質・能力の育成を目的として働かせるものです。30ページで説明したように小学校理科では，以下のように各領域や学年で主に働かせる「見方・考え方」が異なります。

【見方】＊主に領域で異なる

エネルギー領域：　「量的・関係的」な見方

粒子領域：　「質的・実体的」な見方

生命領域：　「共通性・多様性」な見方

地球領域：　「時間的・空間的」な見方

＊領域に関連しない「原因と結果」「部分と全体」「定性と定量」などの見方もある。

【考え方】＊主に学年で異なる

第3学年：　「比較」　　　第4学年：　「関係付け」

第5学年：　「条件制御」　第6学年：　「多面的に見る」

学習の質がより高まるために，「見方・考え方」を働かせます。教師側がこれから行う単元では，主に働かせる「見方・考え方」は何なのか，あらかじめ確認しておく必要があります。

先ほどから例としている「雨水の行方と働き」の第1次の1時間目では，単に「雨水はしみ込む，流れる」という知識を暗記させるのではなく，「雨水は時間が経つとたまっていたのになくなっていた」「雨水は（平面として）流れるだけではなく，（下に）しみ込んでいく」といった，時間的・空間的

な見方を働かせ思考させることで，しっかりと自然事象に向き合い，実感を
もって雨水の行方について学習することができます。

　なお，同じ単元では毎回同じ「見方・考え方」を働かせるというわけでは
なく，一つの問題解決ごと（自然事象との出合い～問題の見いだし～考察まで
の一連の流れ）で，主に働かせる「見方・考え方」は変わる場合もあります。
先ほどの単元の第2次の1時間目（P.43，図表10）では，「原因と結果」
や「比較」という見方・考え方を働かせているといってもよいと思います。

　ここで留意したいのは，**教師が「見方・考え方」を働かせることに夢中に
なりすぎて，本来の目的である「資質・能力」の育成が曖昧になっていない
か**ということです。**「見方・考え方」は教師側が働かせるように意識するも
の**であり，子ども自身に気づかせる必要はありますが，「量的・関係的な見
方が働きました」まで子どもに発表させる必要はないのです。

⑤ 本時で何が大切か考える

⑦ 問題解決のゴールから「問題」をあらかじめ想定する

　各授業での「問題」は，教科書にも例として書かれていますが，この**問題は
子どもたちに見いださせ，追究させたいもの**になります。そのため，**教師か
ら問題を提示するような教師主導の授業をしてはいけません**。どのような問
題が適切なのかについては，教師が授業を行う前に，その授業で最後にどの
ように考察させたいのか，まとめたいのかを決めてから，その考察をするに
はどのような問題がよいのかというように，**考察から遡って問題を考えると
わかりやすくなります**（①～⑦をふまえ，⑧問題解決の授業展開を考えます）。

> ① どのような考察にしたいのか（何を追究させたいのか）考える
> ② 考察に正対した問題を考える
> ③ 考えた問題を子どもたちから見いださせるための導入をどうすればよい
> 　か考える

理科の「プログラミング」の"ダメ事例"とは？

― 理科の時間なのに，プログラミング自体が目的になっていませんか？ ―

　理科の時間では，理科の学習内容の文脈のなかでプログラミングを体験してもよいのですが，なかには，理科の学習内容を逸脱したり，プログラミング自体を目的にしたりしている授業も見受けられます。**理科の授業でプログラミングを体験する場合，理科の本来の学習内容が拡がることが大切**です。

プログラミングを教えないと！

NG 理科の時間にプログラミング教育をする。

まずは理科の内容が大切！

OK 理科の学習内容を通じてプログラミングを体験する。

第6学年「電気の利用」なら，省エネや電気の効率的な利用がテーマ

　たとえば第6学年の「電気の利用」なら，「電気を使って動かしているプログラミングの機器なら何でも単元内で扱う対象になる」という考えは間違いです。なぜならば，**「電気の利用」では，電気の省エネや効率的な利用がテーマになる**からです。つまり，車をプログラミングで動かすとか，日常で便利なものをプログラミングで作るとか，安全のために役に立つものを作るなどは，「電気の利用」の「省エネ」や「電気の変換」と関係がないため，扱ってはいけない教材といえます。このような電気の変換や省エネと異なるテーマは，別の教科，領域などにゆだねなければなりません。

(寺本貴啓)

第3学年

第3学年の特徴

差異点や共通点をもとに，問題を見いだす

① 自然事象との出合いを大切にする

　小学校に入学して初めて理科を学ぶ3年生，だからこそ，自然事象との出合いの場面は大切にしたいものです。教科書の単元の初めにある「とびら」のページを見て子どもたちはわくわくしていることでしょう。新しい教科書では，これまで以上にこの「とびら」のページを大切にしてほしいものです。子どもたちからどのような言葉が飛び出すか，ここでは子どもの声をよく聞くことが大事になります。

　「やってみたい」という声が子どもから聞こえてきたら，すかさず「何を？」と問い返してみましょう。すると，こちらが意図していないような言葉が返ってくるかもしれません。

　　C：やってみたい。
　　T：何をやってみたいの？
　　C：磁石をいろんなものに近づけたい。
　　T：それをしたら何がわかるの？
　　C：どんなものがつくのかわかる。

T：じゃあいろいろな物に近づけてみないとね。

このあとは，磁石をもっていろいろな物に近づける活動に取り組みましょう。

② 差異点や共通点をもとに問題を見いだす

3年生では，**問題を見いだす**ことを大切にしていきます。教科書には，上のような大きな図や写真が載っています。モンシロチョウとアゲハチョウ，ヒマワリとホウセンカ，日なたと日かげのように，これらは子どもたちが**比較を働かせる**ためです。もちろん，教科書ではなく実際の自然事象を比較してほしいのですが，ここではその前に，この図や写真を利用して，比較しながら2つのものの差異点や共通点を見つける練習をしましょう。

T：教科書にヒマワリとホウセンカの写真がありますね。

C：なんだか葉の形が違うよ。

C：きっと茎の太さも違う。

T：そうですね。同じところはないでしょうか。

C：形は違うけど葉の枚数は似ているよ。

T：同じところも見つかりましたね。

C：実際に花壇で同じところ，違うところを比べてみたい。

T：それはいいですね。

この後，実際にヒマワリとホウセンカを比較して，「ヒマワリもホウセンカも根の形は同じだろうか？」などの問題を見いだすことが考えられます。それも，教科書の写真や図を比較したからこそ視点が定まったと考えられます。このように**比較を意図した教科書の図や写真を使うこと**も有効です。

（辻　健）

1 音の性質
～音のふるえと伝わりを調べよう～［エネルギー領域］

① 新教科書はここが変わった！

ポイント1　音が出ることと，物が震え伝わることを関係づける

　本単元は，子どもが「音」に興味・関心をもち，「音が出る」ことと「物が震える」ことを関係づけ，量的・関係的な見方を働かせる新しい単元です。

　「音の大きさが変わると物の震えの様子は変わる」や「音が出ているとき物の震えは伝わる」の問題が見いだせることを大事にしています。

ポイント2　身の回りで使われる物を教材として，問題を見いだす力を育む

　本単元の導入場面では，音が出る手づくりのおもちゃや音楽科で使う楽器など，音が出る物と出合います。たとえば，音の出るおもちゃとして輪ゴムと箱で作ったギター，生活科で遊んだ糸電話，楽器では，トライアングルなどの音が響く楽器や太鼓などの面をたたいて震わせる楽器が考えられます。

　新教科書では，気づいたことや疑問に思ったことを学級で共有し，「音の出ているときと出ていないとき」や「音の大小」について，差異点や共通点をもとに，問題を見いだす場面を重点に構成されています。

◆育成したい " 子どもの姿 "

【知識・技能】

・物から音が出たり伝わったりすると物は震えること。また，音の大きさ
　が変わると物の震え方が変わることを理解している。

・音の性質について，器具や機器などを正しく扱いながら調べ，それらの
　過程や得られた結果をわかりやすく記録している。

【思考・判断・表現】

・音を出したときの震え方の様子について追究するなかで，差異点や共通
　点をもとに音を出したときの物の震え方に関する問題を見いだし，表現
　するなどして問題解決している。

【主体的に学習に取り組む態度】

・音の性質についての事物・現象に進んで関わり，他者と関わりながら問
　題解決している。

・音の性質について学んだことを学習や生活に生かそうとしている。

② 働かせたい「見方・考え方」

　エネルギー領域では，「量的・関係的」な見方を働かせ，音の大きさと震
え方や音の伝わり方について問題を見いだすことが大切です。

　鉄棒などの遊具で遊んだ経験がある子どもは，音が出ているとき，鉄棒が
震えていることに気づいている場合が多いのです。導入では，場の設定や教
材の提示を工夫することで，「音が出ると物が震える」という見方を働かせる
きっかけにしたいものです。

　音を出す活動が充実してくると，子どもは音の大きさ
が変わると，震え方が違うことに気づいてきます。「音
の大小」を比較するという考え方が働き，「音の大きさ
が変わると，物の震え方はどのように変わるのか」など
の問題の見いだしにつながります。子どもが量的・関係
的な見方を働かせて，問題を解決する活動をすすめます。

音が小さいと
結果がわかりにく
かった。音の大きさ
によって，震え方が
違うのかな？

53

③ 単元計画を見てみよう（全5時間）

第1次　音が出ているときの物の様子
（1・2時）

？ 音が出るとき，物は震えているのだろうか

　子どもは音を出すことで，音と物の震えの関係に興味をもつ。最初は「ブルブルしている」と手ごたえとして感じる。視覚化した実験を行うことで，音が出ることと物が震えることを関係づけて理解することができる。

…… 主な評価 ……

手が感じたブルブルは物が震えているからだね

音が出ると物が震えることを理解
【知識・技能】

第2次　音の大きさと物の震え（3時）

？ 音の大きさによって震え方は変わるのだろうか

　第1次で，音が小さすぎると，結果がわかりにくかったと話す子どもが出てくる。その考えを全体で共有すると，音の大きさの違いに着目することができる。ここでは，意図的に音の大きさを変えて，物の震えの様子を視覚化して実験を行う。

音が大

音が小

音の大きさが大きくなると物の震え方は違うのかな？

音の大小によって物の震え方が違う
【思考・判断・表現】

第3次　音の震えと伝わり（4・5時）

？ 音が聞こえるのは，震えが伝わるからなのだろうか

　糸電話で遊ぶ活動から「どうして離れているのに，音が聞こえるのか」という気づきや疑問が「音が出ると物の震えは伝わるのだろうか」という問題の見いだしにつながる。そのほか，遊具で遊んだ経験などをもとに，根拠のある予想をする。

鉄棒に耳をつける

糸でんわ

これまでの音と震えの関係から"伝わり方"を追究
【主体的に学習に取り組む態度】

④ ここに注目！"できる授業"3つのポイント

ポイント1　「主体的・対話的で深い学び」にするために

　子ども自らが作った音が出るおもちゃや楽器などで音を出す活動が重要です。この時間を十分に確保すると，「音が出ると物がブルブルと震えた」など，気づきや疑問を次々に話しはじめます。教師が「みんなも感じた？」と問いかけると，震えに気づいていない子どもや「ブルブルって，震えなの？」と感じている子どもが出くきます。

　教師はすぐに結論づけるのではなく，再度，子どもが体験を通して音と物の震えを関係づけられるよう促して，次の学びの意欲へとつなげます。

音が出たら，触ってみよう

紙やビーズなどを楽器に当ててみよう

ポイント2　「資質・能力」の育成のために

　理科の導入期である3年生では，子どもの気づきや疑問から「問題をつくること」を繰り返すことで，問題解決の力の育成につなげていきます。

　たとえば単元計画の段階で，どこが問題を見いだすことを大事にしたい時間なのかを教師自身が明らかにすることで，具体的な支援が見えてきます。

音大

音小

音止める

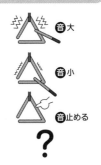

ポイント3　「見方・考え方」を働かせるために

　1次の導入場面で，身近な音との出合いを大事にします。量的・関係的な見方を働かせるためには，まず「音が出ると物はどうなるのだろうか」と「原因と結果」という見方を働かせ，「音が出ると物は震える」と関係づけていきます。この導入での活動が，2次の「音の大きさが変わると物の震えはどうなるのだろうか」という量的・関係的な見方を支えることになります。

⑤ 新教科書のここを見て！

第1次　音が出ているときの物の様子 (1・2時)

　身の回りのおもちゃや楽器の音を出すことで，体験を通して音と物の震えとを関係づけて理解する場面。

事前に指導しよう！

　楽器やおもちゃを扱うとき安全指導は必ず行います。

音との出合いを大切にする

　導入場面での活動やどういうものを用意したらよいかがわかります。

3年生でもできる実験方法の構想

　視覚化して調べるという思いを子どもから引き出し，教師が実験方法を紹介してもよいでしょう。

資質・能力の育成をめざした子どもの学び方

　3年生の問題の見いだしでは「問題を見つける（問題をつかむ）」ことをとくに大事にするため，導入の活動の後に何をするのか，子どもたちとともに，先の学習の見通しをもつことができます。

音が出ているときの物のようす

● 問題をみつけよう

がっきや身の回りの物を使って，音を出してみましょう。音が出ているときの物のようすを話し合ったり，調べたりしてみましょう。

注意
・耳の近くで大きな音を出さない。
・がっきは正しく使う。

音が出ている物のようす

☆音が出ているときと出ていないとき，音が大きいときと小さいときなど，おもちゃやがっきのようすをくらべて，ちがいを調べよう。

● 問題をつくる
・自分で考える。
・たがいの考えを発表し合う。
・問題を見つける。

見方・考え方の
ポイント

対話的な学びはココ！

活動後にどのような話し合いが行われ，問題づくりにつながっていくかが示されています。気づき → 疑問 → 問題と，話し合うことで，深めていきます。

見いだした問題を表現する

活動を通した話し合いが充実すれば，子ども自らが問題を見いだすことにつながります。

導入場面での振り返りは，気づきや疑問から問題の見いだしができたか，学び方について振り返らせます。

3年生でも妥当な考えをもつ

複数の実験方法で調べることで，より妥当な考えにもつながります。

子どもの思いで学びをつなげる

「まとめ」の後に，振り返りの時間を大事にすることで，次の問題の見いだしにつながります。

教師が大事にしたい子どもの言葉や教師の問いかけがわかります。

問題解決の活動は大切にしたい

「結果」「考察（考えよう）」「まとめ」は簡単にまとめます。3年生では「問題の見いだし場面」を大事にしているからです。

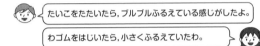

たいこをたたいたら，ブルブルふるえている感じがしたよ。

わゴムをはじいたら，小さくふるえていたわ。

2つのにているところはあるのかな。

どちらもふるえていたけど，音がとまったらふるえも止まったよ。

音が出ているときの物のようすは，どうなっているのかな。

● 実験

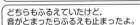

紙が大きくはじけている

紙が小さくはじけている

音が大　音が小

○ かんさつをしよう

音が出ているとき，たいこはふるえていた。ふるえを止めると，音も止まった。

まとめ

大きい音はふるえが大きく，小さい音はふるえが小さい。

学習指導案例

1 単元名
「音の性質」

2 本時の目標
音が出ているときと出ていないときの差異点や共通点をもとに，問題を見いだし表現することができる。

3 本時で育成する「資質・能力」と授業構想
身近な物（手づくりのおもちゃや楽器）を提示することで，音を出す活動に興味をもち，活動の時間を十分に確保することで，物の震えに着目することができる。また，音が出ているときの楽器の様子の違いを比較することで，問題を見いだし，表現することができるようにしたい。

4 働かせる「見方・考え方」について

働かせる見方（量的・関係的）	働かせる考え方（比較）
導入時に「音が出ると物が震える」ということを関係づけて，「音が小さいと震えているかわかりにくい」などの発言から，「音の大きさが変わると物の震え方も変わるという『量的・関係的』な見方」を働かせる。	音を出す活動を通して，「音が出ているときと出ていないとき」の物の様子を比較したり，「音が大きいときと小さいとき」の物の震えの様子を比較したりして，問題を見いだす。

5 本時の展開（1・2 ／ 5）

	学習活動・内容	○指導上の留意点　☆評価
導入	1 手づくりおもちゃや楽器などで音を出してみる。 T：音が出ているときのおもちゃや楽器の様子を見てみましょう。 C：輪ゴムのおもちゃは音が出ると，震えるよ。 C：楽器を触るとビリビリ感じる。 C：机や手をたたいても，何も感じない。	○教師や子どもが作ったおもちゃや，太鼓，トーンチャイム・トライアングルなど震えがわかりやすい楽器と，ウッドブロックなどの震えがわかりにくい楽器を用意する。 ○音が出ているときと出ていないときの，物の様子や触った感じが違うことに気づいている子どもを称賛し，価値づける。

	学習活動・内容	○指導上の留意点　☆評価
展開	2　気づいたことや疑問に思ったことを話し合う。 C：ビリビリしたのは，物が震えているからだと思う。 C：触ると楽器のビリビリが止まり，音が短くなった。 C：何も感じなかったし，震えているかわからなかった。 C：音が出ると物が震えるのかな。	○気づいたことや疑問に思ったことをノートに書く時間を保障する。 ○子どもの気づきと疑問が明確になるように板書を工夫する。 ☆楽器を使って，音が出ているときの物の様子について調べたり，観察したりすることができる。　　【知識・技能】
	3　自分なりの問題と調べたい理由をノートに書く。	☆音を出したときの震え方の様子について，差異点や共通点をもとに問題を見いだし，表現している。 【思考・判断・表現】
	音が出ると物は震えるのだろうか。	
	4　実験方法を確認する。 T：どういう方法で調べると，震えってわかるかな。 C：感じるだけではなく，見てわかる方法がいい。 C：音を出したときに，何か物を当てて動いたら，震えていることがわかる。 T：音を出したときに，紙を当てたり，触ったりしよう。	○どのような実験をすればよいか確認し，結果の見通しをもつ。 ○自分が調べたい楽器を選び，音が出ているときと物の震えの関係に着目して，調べることができるように助言する。
	5　結果を共有する。 C：音が出ると紙が動いたよ。	☆音が出ると，物が震えることや，音を止めると震えも止まることを理解している。　　【知識・技能】
	音が出るとき物は震える。	
まとめ	6　結果を共有し，振り返りをする。 C：たいこを強くたたくと，大きな音がした。 C：音が小さいと震えがわからないよ。 C：音の大きさには，物の震えが関係しているかな。	○今後の学習の見通しがもてるように，震えていることや伝わることについてノートに記入している子どもの考えを見取り，板書（掲示物）に整理する。

（岡田洋平）

2 身の回りの生物
〜チョウを育てよう〜 ［生命領域］

① 新教科書はここが変わった！

ポイント1 対話的な学びは，第3学年の重点である「問題を見いだす場面」から始める

　子どもたちが主体的・対話的に学びに向かうためには，視点を明確にすること，そして，子どもたちにとって本当に調べたい問題を見いだせていることが重要です。本単元で科学的に問題解決するためには，チョウの卵と成虫の形や大きさを比べたり，モンシロチョウとアゲハチョウを比べたりする「比較」の考え方を意識して学習の流れを考えることが大切です。

ポイント2 既習や生活経験を生かし，複数の生き物を比較することで，生き物を「共通性・多様性」の視点で見る

　第1・2次で学習したチョウについての知識をもとに，第3次では教科書に掲載されているようなほかの身近な生き物と比較しながら考え説明し，調べていきます。生命領域である本単元では，さまざまな生き物を比較して共通点や差異点を見つけることで，多様な生き物のおもしろさを実感できます。学習後も身近な自然に目を向け，自然を大切にする子どもの姿をめざします。

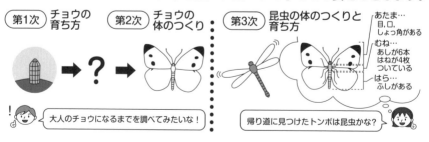

第1次 チョウの育ち方　第2次 チョウの体のつくり　第3次 昆虫の体のつくりと育ち方

あたま…目，口，しょっ角がある
むね…あしが6本はねが4枚ついている
はら…ふしがある

大人のチョウになるまでを調べてみたいな！

帰り道に見つけたトンボは昆虫かな？

◆育成したい " 子どもの姿 "

【知識・技能】

・生物は，色，形，大きさなど，姿に違いがあること。また，周辺の環境と関わって生きていることを理解している。

・昆虫の育ち方には一定の順序があること。また，成虫の体は頭，胸および腹からできていることを理解している。

・身の回りの生物について，器具や機器などを正しく扱いながら調べ，それらの過程や得られた結果をわかりやすく記録している。

【思考・判断・表現】

・身の回りの生物と環境の様子について追究するなかで，昆虫の成長のきまりや体のつくりに関する問題を見いだし，表現するなどして問題解決している。

【主体的に学習に取り組む態度】

・身の回りの生物の様子についての事物・現象に進んで関わり，他者と関わりながら問題解決している。

・身の回りの生物の様子について学んだことを学習や生活に生かそうとしている。

② 働かせたい「見方・考え方」

　生命領域では，「共通性・多様性」の見方や比較の考え方を働かせながら問題解決を行うことで，視点を明確にしながら学習を進めることができます。子どもが自ら学習内容の意味をとらえられるようにするためには，数種類のチョウや昆虫，昆虫以外の生き物と比較することが大切です。

昆虫

虫っていろいろな種類に分けられるんだね！

昆虫じゃない

単元計画を見てみよう（全11時間）

第1次　チョウの育ち方（1〜5時）

？ チョウは，たまごからどのように
　　育つのだろうか

　チョウをたまごから育て，成長の仕方に決まりがあることを学ぶ。幼虫の世話をするなかで生き物への愛着が芽生え，生命を尊重する態度を養う。

第2次　チョウの体のつくり（6・7時）

？ チョウの成虫の体は，どのようなつくりをしているのだろうか

　育てたチョウの成虫を観察し，チョウの体は「頭・胸・腹」の3つに分かれていることを学ぶ。アゲハチョウなど，ほかのチョウについても調べ，比較しながら特徴をとらえる。また，胸から3対に6本の足があること，このような生き物を「昆虫」と呼ぶことについても学ぶ。

第3次　昆虫の体のつくりと育ち方
　　　　　　　　　　　　　　　（8〜11時）

？ ほかの虫の体のつくりや育ち方はどうなっているのか

　前次までの学習をもとに，ほかの昆虫について視点を広げ，問題を見いだせるようにする。昆虫のなかには蛹にならないものがいることや，ダンゴムシやクモなどの生き物は体のつくりが異なるため，昆虫ではないことについても学ぶ。

…… 主な評価 ……

かわいいなあ

生命尊重の態度を養う
【主体的に学習に取り組む態度】

くらべると
同じだね！

昆虫の体のつくりを知る
【知識・技能】

うまれた時から
大人と同じ形！

異なる種類の生き物と比較
して問題を見いだす
【思考・判断・表現】

④ ここに注目！"できる授業"3つのポイント

ポイント1 ｜ 「主体的・対話的で深い学び」にするために

　子ども全員が同じ経験をもとに問題を見いだし考えを深められるようにするためには，皆で同じ場所の生き物の観察に行くなどの共通体験が必要です。昆虫について学ぶ本単元では，校舎周辺の身近な生き物を探しに行き，飼育する活動を行います。生き物が来る場所を確認し，産卵するタイミングで学習を進められるとよいでしょう。子どもの発見や気づきを大切に扱いながら，子どもにとって本当に調べたい問題解決学習になるようにします。

ポイント2 ｜ 「資質・能力」の育成のために

　昆虫の成長の過程や体のつくりを学習する本単元では，自分で飼育したチョウをじっくり観察するなかでの子どもの発見や気づきをもとに「昆虫」の特徴を自然ととらえられるようにします。えさやりや掃除を継続的に行うことで愛着をもち，生命を尊重する心情を育てることができます。第1・2次で学んだチョウへの知識や観察の技能をもとに，ほかにも昆虫はいるのか，どのような育ち方をするのか興味をもてるようにします。

ポイント3 ｜ 「見方・考え方」を働かせるために

　生命領域の本単元では，「共通性・多様性」の見方を働かせることが有効です。学校周辺の環境により取り扱う昆虫は異なりますが，飼育で1種類の昆虫しか取り扱えない場合も写真や図の資料でほかの昆虫と比較しながら特徴をとらえられるようにします。子どもが共通点や差異点に自然と目が向けられるようにするには，成長の記録を残した観察カードを並べて提示したり，育ち方や体のつくりのキーワードを板書に残したりする手立てが有効です。

⑤ 新教科書のここを見て！

第1次 チョウの育ち方 (1〜5時)

　教科書に掲載されている拡大した卵や産卵するチョウの写真を参考にしながら，実際の大きさを確認し，どのようにして育つのかという学習問題の視点を明確にもてるようにする場面。

問題解決の力（問題を見いだす力）を育てる

　これまでの単元で問題を見いだす活動を行っている場合は，まずは一人ひとりが自分で問題を見いだす時間を保障しましょう。「思考・判断・表現」の評価ができます。

観察記録の技能を育てる

　観察のポイントは「色・形・大きさ」。幼虫は葉を食べることで緑色の体になり，脱皮を繰り返して大きくなります。
　この3つのポイントは今後の学習につながる欠かせない視点なので確認しましょう。

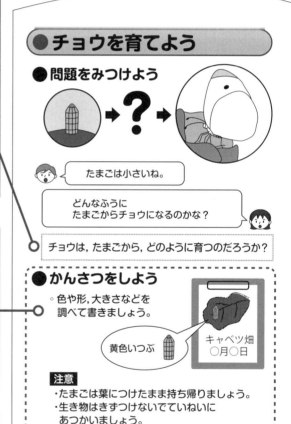

●チョウを育てよう

●問題をみつけよう

たまごは小さいね。

どんなふうにたまごからチョウになるのかな？

チョウは，たまごから，どのように育つのだろうか？

●かんさつをしよう

・色や形，大きさなどを調べて書きましょう。

黄色いつぶ

キャベツ畑
○月○日

注意
・たまごは葉につけたまま持ち帰りましょう。
・生き物はきずつけないでていねいにあつかいましょう。

比較の考え方を働かせる！

　飼育してきたチョウがモンシロチョウであれば，アゲハチョウなどのほかのチョウについての結果と比較できると成長過程のきまりに気づきやすくなります。

写真や記録の図の活用！

　観察のポイントである「色・形・大きさ」について整理することで，「考えよう」では，敵に狙われにくくすることやエサによって姿を変えていることにも触れるとよいでしょう。

見方・考え方の
ポイント

● モンシロチョウの育ち方
よう虫は，皮をぬいで，大きくなります。
そして，さなぎになります。

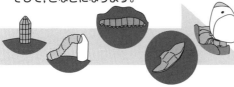

対話的な学びはココ！

　結果からわかることを話し合い，皆が納得できる答えを導き出しましょう。

● 考えよう
アゲハチョウの育ち方

| たまご | よう虫 | さなぎ | 成虫 |

 たまごからよう虫になった！

アゲハチョウはモンシロチョウと
同じ育ち方なんだね。

一般的な用語を使って
考えよう！

　成長過程の姿を「赤ちゃん」や「大人」といった学級のなかで通じる言葉で表していた場合も，一般的な用語をおさえた後は「よう虫」や「成虫」のような正しい言葉で考えを整理するようにします。

　学習問題の結論を出した後は，学習全体を振り返る機会をとれるとよいでしょう。

まとめ

チョウは，
たまご→よう虫→さなぎ→成虫の
じゅんに育ちます。

学習指導案例

1 単元名
「身の回りの生物」

2 本時の目標
チョウの成長の過程についての問題を見いだし，表現している。

3 本時で育成する「資質・能力」と授業構想
　本時では，身近なチョウの様子について追究するなかで，差異点や共通点をもとに，昆虫の成長のきまりについての問題を見いだし，表現することに重点を置く。そのため，前時までにチョウがいるキャベツやアブラナのある場所に観察に行く機会を与えるなど，子どもが自らチョウの卵や成虫を発見したり様子を観察したりできるような学習展開にしておきたい。問題の視点に気づきやすいよう，黒板に今わかっている事実とわからない点について，教師が子どもの気づきをもとに，図や言葉で整理し可視化していく手立てが有効である。また，子ども一人ひとりが問題を見いだす活動は，まだ慣れていない子どもがいることも予想されるため，実態に応じて，「チョウは，〜だろうか」などの学習問題づくりのヒントを提示することも有効である。

4 働かせる「見方・考え方」について

働かせる見方（共通性・多様性）	働かせる考え方（比較）
疑問を整理する際に，昆虫を育てたり観察したりした生活科での学習や生活経験を想起し，これまで飼育や観察を行ったほかの昆虫にも幼虫や蛹の段階があることを確認する。	疑問を整理する際に，卵と成虫の形や大きさを比較し，途中の成長過程について調べる必要があることに気づき，問題を見いだす。ほかの昆虫の成長過程と比較しながら問題を見いだしてもよい。

5　本時の展開（2 / 11）

	学習活動・内容	○指導上の留意点　☆評価
導入	1　前時を振り返り，キャベツ畑で見つけたものについて話し合う。 T：畑で見つけたものをみんなに知らせましょう。 C：モンシロチョウがいたね。 C：黄色いたまごを見つけたよ。 C：チョウのたまごだと思うな。	○子どもは，生活科の学習でも春の生き物探しは行っている。春の生き物探しに外へ行く際に，チョウがいるキャベツやアブラナのある場所にも観察に出かけるなど，子ども自らが気づきやすいようにしておく。
展開	2　疑問点を整理する。 T：たまごやチョウの形や大きさは，どうでしたか。 C：たまごはすごく小さいよ。 C：チョウは3cmくらいかな。 T：たまごからいきなりチョウになるのかな。 C：青虫になると思うよ。 C：少しずつ大きくなると思うよ。 3　学習問題をつくる。 T：今回はどんな問題になりそうかな。自分の考えを書きましょう。 どうやって大きくなるのかな？ まずは一人で考えてみよっと♪ 4　学習問題について話し合う。 T：みんなで調べていく問題は，どんな文になりそうか，みんなで話し合いましょう。	○黒板に卵やチョウの形や大きさの違いを提示し，幼虫や蛹などの成長過程の途中についてはまだわかっていないことに気づけるよう記録し，まとめる。 どうなってるの？ ○チョウの成長過程についての問題になるように声をかける。「チョウは，〜だろうか」など，学習問題づくりのヒントを提示してもよい。 ○成長過程以外についての問題が出た場合は否定せず，もう一度成長の過程がわからないことを確認する。 ☆チョウの成長の過程についての問題を見いだし，表現している。 【思考・判断・表現】 ＊問題の見いだし（ノート・発言）
	チョウは，たまごからどのように育つのだろうか。	
まとめ	5　今回の学習を振り返り，次回の学習の見通しをもつ。 T：自分たちで見つけた疑問から問題を作ることができましたね。	○自分たちで気づいた疑問から問題を見いだせたことについて価値づける。次回は今の自分の考えを書き，調べる方法を考えることを確認する。

（德武淳子）

67

各学年の「問題解決の力」はほかの学年では評価しなくていいの？

― 第3学年から第6学年までを通して育成したい「問題解決の力」―

「問題解決の力」は，各学年の「思考・判断・表現」の評価の観点として位置づけられています。そのため，各学年でそれぞれ位置づけられた問題解決の力はその学年でできるようになったか，必ず評価することになります。

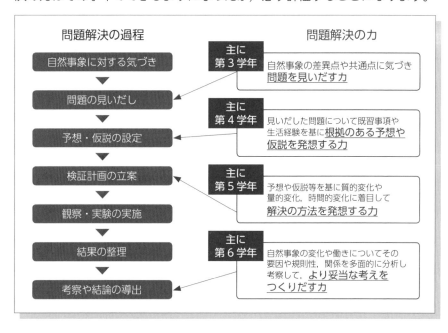

しかし，「問題解決の力」が各学年ごとに位置づけられているからといってほかの学年では評価しなくていいのかというと，そうではありません。該当学年で位置づけられていない問題解決の力でも，育成したいものです。

たとえば，第3学年で「より妥当な考えをつくりだす」ことは難しいと思いますが，第4学年で主に育成する「根拠のある予想や仮説を発想する」ことは育成できますし，第4学年で，第5学年で主に育成する「解決の方法を発想する」ことや第3学年の「問題を見いだす」ことを育成してもいいのです。

(寺本貴啓)

第4学年

〈第4学年の特徴〉既習の内容や生活経験をもとに，根拠のある予想や仮説を発想する

1 金属・水・空気 〜もののあたたまり方〜 [粒子領域]

2 雨水のゆくえと地面の様子 〜雨水の流れ方〜 [地球領域]

【コラム③】ノートの書き方はどうすればいいの？

既習の内容や生活経験をもとに，根拠のある予想や仮説を発想する

① 自分の考えを大切にするために

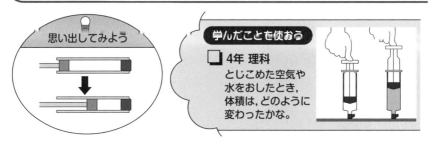

思い出してみよう

学んだことを使おう

☐ 4年 理科
とじこめた空気や水をおしたとき，体積は，どのように変わったかな。

　4年生では，**根拠のある予想や仮説を発想する**ことを大切にしていきます。**予想や仮説を立てる**ことは，4年生になって初めて行うわけではありませんが，4年生の1年間を通して大事にしたいことです。**予想の根拠**となるのは，子どもたちがこれまで過ごしてきた生活経験か，これまでの授業で身につけてきた学習内容でしょう。

　生活経験は一人ひとり違うため，予想を聞く際にはその子どもの詳しい説明が必要ですが，学習してきたことであれば，学級で共有していることが多いので，説明が少なくても共通理解を得られます。だからこそ，教科書にある「思い出そう」などのコーナーは大いに生かしたいものです。

　C：ぼくは，空気を冷やすと体積が小さくなるけど水はならないと思う。
　T：どうしてそう考えたの？
　C：水を注射器にいれたとき，ピストンをおしても縮まなかったから。
　T：注射器に入れておし縮めたときのことを根拠としたんですね。
　C：空気は温めたら体積が大きくなって冷やしたら小さくなったでしょ。
　　　水も温めたときは，大きくなったんだから冷やしたら縮むと思う。
　このように，これまでの学習を根拠とするとき，その場面を想起できるよ

うにしましょう。

 予想を図や絵に表す

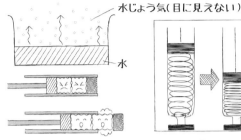

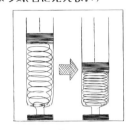

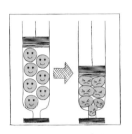

水じょう気(目に見えない)

水

注射器や空気でっぽうの中で空気がどのようになっているのか，水たまりの水がどのようにして乾くのかなど，目に見えないものについて予想を行う際に，子どもたちは図や絵に表そうとします。**予想を説明しようとするとき，目ではとらえられない物を見える化する**ことで，自分の考えを相手に説明することが可能になるのです。

T：おし棒をおしたとき，筒の中の空気はどうなっているのでしょうか。

C1：満員電車みたいにぎゅうぎゅうになっていると思う。

C2：だから，きつくておし返そうとするんだね。

T：○○さんの描いた空気はだから苦しそうな顔をしているんですね。

C2：次の絵では，笑顔になっているよ。

C1：そう。空気でっぽうの栓が飛ぶときは，またもとに戻るんだ。

T：なるほど。

C1：そのもとに戻ろうとする力で栓が遠くに飛ぶと思う。

T：なるほど。

子どもたちが表す図や絵は，描かなければならないものではありません。描くことで自分の考えが説明しやすくなると感じるときに描けばよいのです。しかし，その手段を知らなくては，描こうとはしません。そこで，教科書にある図や絵を見せることで，図や絵に表すこともできるということを伝えるようにしましょう。

(辻 健)

1 金属・水・空気
〜もののあたたまり方〜 [粒子領域]

① 新教科書はここが変わった！

ポイント1 「もののあたたまり方」の学習は，第3次の予想場面が最大のヤマ場

　新学習指導要領において，第4学年では「根拠のある予想や仮説を発想する力」の育成に重点が置かれ，その根拠は，生活経験や既習内容などをもとに考えることが求められています。本単元は，金属，水および空気のそれぞれのあたたまり方について次が分かれていますが，次同士のつながりを意識し，前の次で学習したことを根拠にしながら予想を立てることが大切です。

ポイント2 対話的な学びは，第4学年の重点「予想や仮説を発想する場面」から始める

　対話的な学びは，問題解決全体を通して行われるものですが，とくに第4学年では，「予想や仮説を発想する場面」で意識して行うのがよいでしょう。自分の予想と友達の予想が似ているのか違うのか，根拠は何かを話し合いながら，これまでの学習や生活経験と関連させて，より納得のいく予想や仮説を発想できるようにしていくことが大切です。

第1次 金属のあたたまり方　第2次 水のあたたまり方　第3次 空気のあたたまり方

◆育成したい"子どもの姿"

【知識・技能】

・金属，水および空気は，あたためたり冷やしたりすると，それらの体積が変わるが，その程度には違いがあることを理解している。

・金属は熱せられた部分から順にあたたまるが，水や空気は熱せられた部分が移動して全体が温まることを理解している。

・水は温度によって水蒸気や氷に変わること。また，水が氷になると体積が増えることを理解している。

・金属，水および空気の性質について，器具や機器などを正しく扱いながら調べ，それらの過程や得られた結果をわかりやすく記録している。

【思考・判断・表現】

・金属，水および空気の性質について追究するなかで，既習の内容や生活経験をもとに，金属，水および空気の温度を変化させたときの体積や状態の変化，熱の伝わり方について，根拠のある予想や仮説を発想し，表現するなどして問題解決している。

【主体的に学習に取り組む態度】

・金属，水および空気の性質についての事物・現象に進んで関わり，他者と関わりながら問題解決している。

・金属，水および空気の性質について学んだことを学習や生活に生かそうとしている。

② 働かせたい「見方・考え方」

　粒子領域では，「質的・実体的」な見方を働かせながら，熱の伝わり方などについて調べ，熱の伝わり方と温度の変化とを関係づけて考えていくことが大切です。子どもたちは，これまでに空気と水の性質の違いや温度による体積変化などを学習しています。その学習を生かして，金属，水，空気の質の違いを意識しながら，問題解決できるようにします。予想や考察の際に熱の伝わり方を図で表現させ，比較しながら考えていくのもよいでしょう。

❸ 単元計画を見てみよう（全8時間）

第1次　金属のあたたまり方（1〜3時）

？ 金属はどのようにあたたまるのだろうか

　　　金属のスプーンを熱い湯につけて，スプーンの端に触れる活動などから問題を見いだす。その後，金属はどのようにあたたまるのかを金属の棒や板にろうや示温インクなどを塗り，ろうの溶ける様子や示温インクの色の変化から調べる。実験から金属は，熱せられたところから順にあたたまることを学ぶ。

第2次　水のあたたまり方（4〜6時）

？ 水はどのようにあたたまるのだろうか

　　　水はどのようにあたたまるのか，まずは，これまでに学習した金属のあたたまり方や生活経験をもとに自分なりの根拠をもった予想をする。その予想を確かめる方法を考え，示温インクなどを用いて水のあたたまり方について学ぶ。

第3次　空気のあたたまり方（7・8時）

？ 空気はどのようにあたたまるのだろうか

　　　室内の上のほうと下のほうの温度の違いやあたためた空気の動きを調べる。第1次，第2次で学習した金属や水のあたたまり方と比較しながら考え，空気はあたためた部分が上へ移動して，順にあたたまっていくことを学ぶ。

…… 主な評価 ……

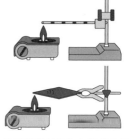

金属は熱せられた部分から
順にあたたまることを理解
【知識・技能】

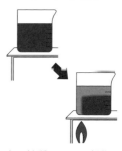

水の性質について根拠の
ある予想を発想
【思考・判断・表現】

空気の性質について他者と
関わりながら追究
【主体的に学習に取り組む態度】

ここに注目！"できる授業"3つのポイント

ポイント 1 │ 「主体的・対話的で深い学び」にするために

　子どもに問題意識をもたせるために，共通体験できる活動から導入することは，主体的・対話的な授業を行ううえで有効です。スプーンなどの金属でできた食器が熱源から離れている部分もあたたかくなる体験を行うことで，無理なく金属のあたたまり方について問題を見いだすことができます。

　金属についての問題を解決していくなかで，水ならどうなるのか，空気ならどうなるのかと考えを広げていくことで深い学びになっていきます。

ポイント 2 │ 「資質・能力」の育成のために

　育成すべき資質・能力のうち，思考・判断・表現では，第4学年において「根拠のある予想や仮説の発想」に重点が置かれています。

　本単元は，金属，水および空気についてのつながりを意識させることで，学習したことをもとに考えやすい単元です。「金属と似ているか」「金属と空気ではどちらのほうが水のあたたまり方と似ているか」と考える場面を与えることで，自然と子ども自身が根拠を探して表現する姿が見られます。

ポイント 3 │ 「見方・考え方」を働かせるために

　粒子領域では，主に「質的・実体的」な見方を働かせることができるようにします。そのために図で表現する機会をつくることも一つの方法です。

　金属や水および空気のあたたまり方を図で表現させることで，自然と質的・実体的な見方を働かせて，目に見えない熱の移動や空気の存在，物によるあたたまり方の違いに気づくことができます。

金属

水

空気

ストーブ

新教科書のここを見て！

第2次　水のあたたまり方（4～6時）〔金属→水→空気〕

水があたたまる様子を観察し，どのようにあたたまるかを学習する場面。

問題解決の力（根拠のある予想を発想する力）を育てる

4年生で主に育成したい問題解決の力「根拠をもった予想を発想する力」を育成する場面です。

友達の予想を聞いて自分の考えを見直すなど，対話的な学びにもつながります。

既習を生かす！

これまでの学習経験や生活経験をもとに根拠のある予想をさせます。

4年生でも見通しをもたせやすくする

子どもに質的・実体的な見方を働かせやすくするために，水のあたたまり方の予想を図で表現させます。

見方・考え方の
ポイント

● **水のあたたまり方**

● **問題をみつけよう**

水は，どのようにあたたまるのだろうか。

予想

☆予想しよう。
・自分の予想とその理由を表す。
・互いの予想を発表し合う。
・予想を見直す。

水のあたたまり方は金属と比べてどうなのかな。

金属と同じ熱したところから順にあたたまると思う。

● **図をかいてみよう**

対話的な学びはココ！

　実験方法は教科書で細かい手順を確認する前に，どうしたら自分たちの予想を確かめられるか話し合いましょう。

　ここでは，「水を熱して何カ所か温度を調べることが必要だね」「どこが早く温度が高くなるかを比べればわかるね」などの言葉を子どもから引き出してから詳しい方法を確認しましょう。

● 実験

水のあたたまり方と金属のあたたまり方を比べてみよう。

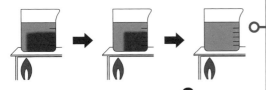

示温インクを入れた水➡熱すると➡ **？**

結果
水を熱すると，上のほうからだんだん色が変わり，全体がピンク色になった。

考察

 あたためられた水は上に動くんだね。

予想と実験結果を比べると，予想と違って水は上のほうからあたたまっていたね。

まとめ

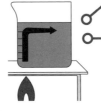

あたためられた水は
上のほうへ動く。
このような動きを続けて
全体があたたまっていく。

比較の考え方を働かせる

　実験や考察を行う際，子どもが「比較・関係付け」の考え方を働かせることが大切です。

主体的な学びにつなげる

　根拠をもった予想を立てられたかどうかを自分自身で振り返らせ，主体的な学びへとつなげます。

評価がしやすい！

　子どもに質的・実体的な見方を働かせやすくするために，まとめを図で表現させてもよいでしょう。

学習指導案例 ///

1 単元名
「金属・水・空気」

2 本時の目標
　水のあたたまり方について，既習の内容や生活経験をもとに，根拠のある予想や仮説を発想し，表現するなどして問題解決する。

3 本時で育成する「資質・能力」と授業構想
　本時は，資質・能力の3つの柱のうち「思考力，判断力，表現力等」の育成をめざす。そこで，前時までの学習を生かして「根拠のある予想や仮説を発想」し，表現することに重点を置き，問題解決していく。

　子どもたちは，これまでに「水と空気の性質」や「ものの温度と体積」について学習している場合が多い。空気はおし縮められるが水はおし縮められないことから水と空気では性質が異なることを理解しており，あたたまり方もものによって違うのではないかという予想の根拠として活用することができる。また，「ものの温度と体積」は「金属，水，空気」という大きな単元のなかの一つであり，金属，水および空気の3つのものを順に調べていく学習の流れとなっている。そのため，あたたまり方でも金属で学習したことを根拠に，水や空気はどうなのかという予想を立てやすくなる。根拠は，あくまでも予想の場面なので正しくなくてもよい。子どもたちがいかに学習してきたことや生活のなかの事象と結びつけて考えられているかを大切にしていきたい。

4 働かせる「見方・考え方」について

働かせる見方（質的・実体的）	働かせる考え方（比較・関係づけ）
「水はおし縮められなかったから」「金属は固いから」などは，材質や物の性質に着目していて，質的・実体的な見方を働かせている。	水のあたたまり方を金属や空気のあたたまり方と比べて考える。示温インクの色の変化と水のあたたまり方を関係づけて考える。

5　本時の展開（4～6／8）

	学習活動・内容	○指導上の留意点　☆評価
導入	1　今日の問題を確認する。	○既習の「ものの体積と温度」を想起させ，水や空気のあたたまり方はどうなるのかという問題を見いだせるようにする。
	水はどのようにあたたまるのだろうか。	
展開	1　水はどのようにあたたまるのか，根拠のある予想や仮説を立て，話し合う。 C：水も金属と同じようにあたたまると思うよ。 C：金属は固いけど水は固くないからあたたまり方もちがうと思うな。 2　水のあたたまり方の予想を図に描かせる。	ここで，「これまでの学習で根拠になりそうなことは何かないかな」と声をかけてみよう 既習内容を根拠に予想している児童の発言が出たら「今までの学習を思い出して（比べて）予想できたね」と価値づけよう
	3　予想や仮説を確かめるための実験方法を話し合い，実験する。 C：何カ所か温度を測る必要があるね。 C：どこが最初に温度が上がるか調べればいいね。 4　実験の結果を図や言葉で記録する。	○実験の前に自分の予想どおりだとすると，結果がどのようになるか考えさせることで，見通しをもって実験を行うことができるようにする。 ○温度変化や動きを調べるために示温インクを水に溶かして使用する。
	C：上から順にピンク色に変化したよ。 5　実験の結果から，水のあたたまり方について考察する。 C：示温インクの色がピンク色に変わったところが上に動いて広がっていたので，あたたまったところの水が上に動いていくことがわかった。	○示温インクの色の変化や動きの結果から水はどのようにあたたまるといえるのかを考察させるようにする。 ○動きがよくわからないときはおがくずなどで再実験するとよい。
まとめ	6　考察したことを話し合い，結論をまとめる。 C：あたためられた水は上に動き，動きながら全体があたたまっていくんだね。	☆水のあたたまり方について，既習の内容や生活経験をもとに，根拠のある予想や仮説を発想し，表現するなどして問題解決することができたか。 （発言・記述）　　【思考・判断・表現】

（木月里美）

2 雨水のゆくえと地面の様子
～雨水の流れ方～ [地球領域]

① 新教科書はここが変わった！

ポイント 1 地面の傾きや高低差，土の粒の大きさに目を向ける学習経験が，5・6年の学習へとつながる

　この単元では，水は高い場所から低い場所へと流れて集まることと，水のしみ込み方は土の粒の大きさによって違いがあることを学びます。水の流れ方を地面の傾き方との関係で見たり，校庭や砂場の土や砂を粒の大きさで見たりする学習経験が，その後の学年で川の水の流れを傾斜で見たり，地層の構成を粒で見たりすることにつながります。

ポイント 2 生活経験や身の回りのことと結びつけて考えることが，「根拠のある予想や仮説を発想する力」を育む

　まず，身近な校庭の様子を観察することから「雨水は高い所から低い所に流れていくのだろうか」という問題を見いだします。そして，これまでに経験したことや身の回りのことをもとにして，理由づけをして予想する流れとなっています。ここをていねいに行うことが「根拠のある予想や仮説を発想する力」を育成することにつながっていきます。

第1次 雨水の流れ方

すべり台のように高いほうから低いほうへいくと思う

第2次 土の粒の大きさと水のしみ込み方

土　砂

粒が大きいほうが，隙間がたくさんできるからしみ込みやすいんじゃないかな？

◆育成したい "子どもの姿"

【知識・技能】
・水は高い場所から低い場所へと流れて集まることを理解している。
・水のしみ込み方は，土の粒の大きさによって違いがあることを理解している。
・雨水のゆくえと地面の様子について，器具や機器などを正しく扱いながら調べ，それらの過程や得られた結果をわかりやすく記録している。

【思考・判断・表現】
・雨水のゆくえと地面の様子について追究するなかで，既習の内容や生活経験をもとに，雨水の流れやしみ込み方と地面の傾きや土の粒の大きさとの関係について，根拠のある予想や仮説を発想し，表現するなどして問題解決している。

【主体的に学習に取り組む態度】
・雨水のゆくえと地面の様子についての事物・現象に進んで関わり，他者と関わりながら問題解決している。
・雨水のゆくえと地面の様子について学んだことを学習や生活に生かそうとしている。

② 働かせたい「見方・考え方」

　地球領域では，「時間的・空間的」な見方を働かせて，雨水の流れ方や地面へのしみ込み方と，地面の傾きや土の粒の大きさとを関係づけて考えることが大切です。

　水たまりのできている所とできていない所に着目して，校庭の地面の高低差や傾きを空間的にとらえたり，生活経験や既習の内容と関係づけながら考えたりしていきます。

> 水たまりのできている所とできていない所に着目して考える。

単元計画を見てみよう（全5時間）

(1) 第1次　雨水の流れ方（1・2時）

? 雨水は，高い所から低い所に流れていくのだろうか

　雨の日の校庭の様子を観察したり，映像を見たりして，雨水が地面を流れている様子に着目し，校庭の地面の様子（高低差）について考える。バットやといにビー玉を転がす，ペットボトルなどで作った傾きチェッカーを使うなどの方法で地面の傾きと水の流れる方向の関係を調べ，水は高い場所から低い場所へと流れて集まることを理解する。

(2) 第2次　土の粒の大きさと水のしみ込み方（3～5時）

? 土や砂の粒の大きさによって，雨水のしみ込み方に違いがあるのだろうか

　雨が降った後の校庭と砂場の様子を比べて，水のしみ込み方の違いについて考える。実際に校庭の土と砂場の砂に水をかけ，しみ込み方に違いがあることを確認し，土や砂の手触りや虫めがねで見て粒の大きさを比べる。そして，プラスチックのコップやペットボトルなどで作った装置を使って，粒の大きさと水のしみ込み方の関係を調べ，水のしみ込み方は，土の粒の大きさによって違うことを理解する。

…… 主な評価 ……

身近な生活経験を根拠に予想する
【知識・技能】

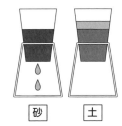

粒の大きさでしみ込み方が違うことを理解
【主体的に学習に取り組む態度】

スケールを大きくすると川だね！

学んだことを身の回りに生かす
【思考・判断・表現】

ここに注目！"できる授業"3つのポイント

ポイント1 「主体的・対話的で深い学び」にするために

　子どもたちは，普段，校庭に雨が降っている様子は目にしていますが，降った雨水のゆくえや地面の様子について意識することはほとんどないはずです。

　平らだと思っていた校庭の地面に本当に高低差があるのか，水たまりができる場所とそうでない場所の土にはどのような違いがあるのか，子どもたち自身が問題意識をもてるようにして，生活経験と結びつけて自分の考えを伝え合う場面を設定することが大切です。また，校庭だけでなく，身近な地域や川の様子にも目を向けられるようにすることで学びが深まります。

ポイント2 「資質・能力」の育成のために

　第4学年で主に育成する問題解決の力を育てるためには，これまでの学習や生活経験といかに結びつけて考えられるかがカギです。

　第1次の「雨水の流れ方」では，台所の流し台や洗面所，風呂場，坂道，屋根といった日常生活での水の流れ方に関する経験をもとに考えられるようにします。

　第2次の「土の粒の大きさと水のしみ込み方」では，校庭の土と砂場の砂の様子の違いをよく観察し，手触りや見た目の違いからしみ込み方の違いについて予想することが大切です。

粒が大きいからよくしみ込むんじゃないかな…

ポイント3 「見方・考え方」を働かせるために

　校庭で起きる雨水の流れや地面の様子について，実際に雨を降らせて調べるわけにはいきません。そこで，身近な空間での経験をもとに考えたり，自分の手元で実験したりして，実際の校庭で起きている現象と結びつけて追究していくことで，時間的・空間的な見方を働かせられるようにしましょう。

⑤ 新教科書のここを見て！

第1次　雨水の流れ方（1時）

　雨水の流れ方と地面の傾きとの関係について問題を見いだし，身近な生活経験を根拠に予想する場面。

写真の活用！

　導入では，雨が降っているときの校庭の写真を活用し，水たまりの形から雨水の行方や流れ方，しみ込み方に目を向けられるようにします。

「時間・空間的」な見方を働かせる

　校庭の地面の水たまりができている所とできていない所に着目し，普段は平らに見えているけれど，傾き（高低差）があるのではないかと，時間・空間的な見方を働かせて問題を見いだすことができるようにしていきます。

　予想の際にも，水が高い所から低い所に流れていくことをほかの場所や別の物に置き換えて考えられるようにします。

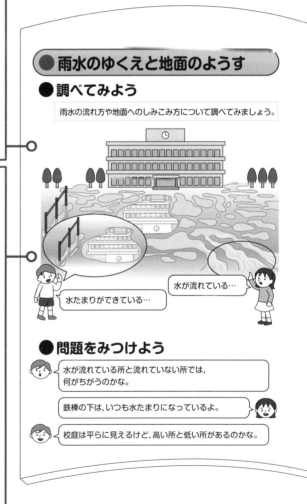

● **雨水のゆくえと地面のようす**

● **調べてみよう**

雨水の流れ方や地面へのしみこみ方について調べてみましょう。

水が流れている…

水たまりができている…

● **問題をみつけよう**

水が流れている所と流れていない所では，何がちがうのかな。

鉄棒の下は，いつも水たまりになっているよ。

校庭は平らに見えるけど，高い所と低い所があるのかな。

予想の際には，まずは一人ひとりがノートに考えをまとめるようにしましょう。「なぜそう思ったのか」「何からそのようにイメージしたのか」など，根拠を明確に書くようにすることで「思考・判断・表現」の評価ができます。

ここは，日常生活での経験と結びつけて説明しやすい場面です。

水が流れることについての身の回りのさまざまなシーンを思い返せるようにして，一人ひとりが根拠を明確にできるようにしていきます。

● 問題

雨水は，地面の高い所から低い所に流れるのだろうか。

予想 ☆予想しよう。

これまでに経験したことや身の回りのことを例にあげながら，水の流れについて予想する。

校庭で観察したことや，ふだんのくらしをふり返りながら，考えましょう。

すべり台のように，高いところから低いところへ

☆予想をたがいに発表し合う。

友達の考えのなかで，よいと思ったものは，理由とともに記録しておこう。

ふり返ろう

これまでに学んだことや経験したことをもとに，理由をつけて予想することができたでしょうか。………☐

見方・考え方の
ポイント

ここで，日常生活での経験や場面と結びつけて考えたことを伝え合う場を充実させます。

予想の根拠にはさまざまなものがあることや，自分の経験や理由づけをもとに説明していくことの大切さに気づけるようにすることで，深い学びにつなげていきましょう。

学習指導案例

1 単元名

「雨水のゆくえと地面の様子」

2 本時の目標

雨水の流れ方と地面の傾きについて見いだした問題について，根拠のある予想や仮説を発想し，自分の考えを表現する。

3 本時で育成する「資質・能力」と授業構想

本時では，資質・能力の3つの柱のうち「思考力・判断力・表現力等」の根拠のある予想や仮説を発想し，表現することに重点を置く。そのため，雨水の流れ方や地面の傾きについて，生活経験と関係づけて子ども一人ひとりが根拠を明確に予想できるようにしていきたい。そして交流の際には，予想の根拠にはさまざまなものがあることや，自分の経験や理由づけをもとに説明していくことの大切さに気づけるようにすることで，根拠のある予想を発想する力につなげていきたい。

4 働かせる「見方・考え方」について

働かせる見方（時間的・空間的）	働かせる考え方（関係付け）
水の流れる方向や水の集まる場所と地面の傾きの関係について，空間的な見方を働かせて，「平らに見える校庭の地面も高低差があるのではないか」と考えていく。また，洗面台や台所，屋根など身近な場所での水の流れ方をもとにして予想を立てる。	校庭の地面に水が流れたりたまったりしている様子を観察し，その要因を地面の傾きや高さの違いと関係づけて考え，問題を見いだす。また，地面の様子と水の流れ方について，生活経験や知識と関係づけて考え，根拠を明確にして予想を立てる。

5 本時の展開 (1 ／ 5)

	学習活動・内容	○指導上の留意点 ☆評価
導入	1 雨の日の校庭を見て，校庭の地面の様子について考える。 C：水たまりと水たまりでない所があるよ。	○実際に雨の日の校庭に出て観察することが難しい場合は，事前に校庭の写真や映像を準備しておく。

	学習活動・内容	○指導上の留意点　☆評価
	C：水たまりの所は地面がくぼんでいるから水がたまるんだよ。 C：左側は水たまりというより川みたいになっているね。	○実際に観察することが難しい場合は，映像を再生することで，水が流れている様子に着目し，流れている方向と地面の傾きについて考えられるようにする。
	2　雨の日の校庭を見て，雨水が流れている様子に着目し，校庭の地面の様子について考える。 C：泡や葉が流れていた。 C：校庭は微妙に坂になっているから流れているんだよ。 C：水たまりの所はくぼんでいて周りより低くなっているから水がたまっているんだよ。 C：川みたいな部分も両側より低くなっているはずだよ。 C：高いほうから低いほうへと流れているんだと思う。	○水がたまっている要因を地面の高さの違いと関係づけて考えられるようにするために，水が流れている部分だけでなく，水がたまっている部分にも目を向けるよう促す。 ○子どもたちから出てきた気づきや考えをもとに，水が流れている方向や地面の高低について写真に記入していくことで，水の流れる向きと地面の高低差との関係に目を向けられるようにする。
	3　気づきや疑問を整理し，学習問題を立てる。	○まずは，一人ひとりが学習問題をノートに書き，その後，全体で共有して学級の学習問題を立てる。
	雨水は，地面の高い所から低い所に流れていくのだろうか。	
展開	**4　予想を立て，話し合いを共有する。** C：高い所から低い所に向かって流れるはずだよ。なぜなら，雨の日に家の屋根の水が斜め下に流れていくから。 C：風呂場の床は坂になっていて排水口に向かって水が流れるようになっているね。だから水は高いほうから低いほうに流れると思うよ。 C：水は低いところに流れるよ。なぜなら，鉄棒の下は足で削られて地面がくぼんで低いから，周りの水が流れてきていつも水たまりになっている。 C：プールのウォータースライダーで上から下に向かって水が流れていくから，水は高い所から低い所へと流れていくんだよ。	○雨の日や生活のなかで水が流れている場面を思い出せるように声をかけ，生活経験をもとに予想を発想できるようにする。 すべり台も…　　学校の流し台も… ○どんな経験や知識と関連づけて予想したのか根拠を明確にするために，出てきた予想に対しては「どうしてそう思ったのか」を丁寧に問い返す。 ○予想とその根拠を全体で共有できるようにするため，子どもから出た意見を板書する。 ☆雨水の行方と地面の様子について見いだした問題について，既習の内容や生活経験をもとに，根拠のある予想や仮説を発想し，表現したか。 （ノート・発言）　　【思考・判断・表現】
まとめ	**5　次時の見通しをもつ。** C：次回は，自分の予想が正しいかどうかをどうやって調べるか考えなきゃいけないね。	○次回は実験の方法を考えることを確認する。

（芳賀淳一）

ノートの書き方はどうすればいいの？
― 第4学年以降バージョン ―

　新学習指導要領では，問題を見いだす力（第3学年），根拠のある予想や仮説を発想する力（第4学年），解決の方法を発想する力（第5学年），より妥当な考えをつくりだす力（第6学年）を育成し評価することになりました。そのため，自分自身がどのように考えて問題を解決しているのか，今，その時の考えをしっかりノートに表現させることが大切になります。

4年後半から実践できるノートの書き方　　※それ以前では文章が書けない。

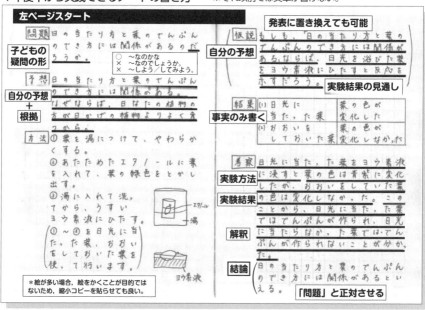

　上のノートを見ると，「個人の考えの過程」が書かれていることがわかります。途中の板書を写すことはありませんし，友達の考えも大々的に書くこともありません（もちろん，参考になるものがあればメモとして記録することは大いに結構です。皆さんだったら，どのようにノートを指導しますか？）。

(寺本貴啓)

第5学年

〈 第5学年の特徴 〉予想や仮説を
もとに，解決の方法を発想する

1 物のとけ方 [粒子領域]

2 流れる水の働きと土地の変
化 [地球領域]

【コラム④】どうやって「考察を書く」とい
いの？

予想や仮説をもとに，解決の方法を発想する

① 表を使って調べるべきことは何かを明らかにする

変える条件	同じにする条件
ふれはば (10°, 20°, 30°)	◦ おもりの重さ(20ｇ) ◦ ふりこの長さ(40cm)

変えない条件	→ かん電池の数	1個	
変える条件	→ コイルのまき数	100回	200回

　5年生では，**解決の方法を発想する**ことを大切にしていきます。つまり，**実験や観察の方法を考える**のです。当然，考えるだけでなく実際に実験も行います。そのためには，**自分たちが調べたいことを明らかにする**ことが不可欠です。

　「コイルの巻き数を増やすことで，電磁石は強くなるのか」という問題の場合，調べたいのはコイルの巻き数と磁石につくクリップの数との関係です。

　電池の数や電流の大きさではありません。このようなとき，変えて調べるものと，変えてはいけないものがあるということに子どもが気づき，気をつけられるよう助言しましょう。

C：巻き数を増やせば電磁石が強くなるかを調べたい。変えるのは巻き数だよね。

T：それから？

C：巻き数以外は変えてはいけない。電池の数も変えてはいけない。

T：どうして変えてはいけないの？

C：電池の数を変えたら，結果が出たときどちらの影響かわからない。電流が変わってないか，かんい検流計ではかったらより確かになるよ。

このように，子どもが見通しをもって実験を行おうとするためにも，教科書にあるような表を準備して，子どもたちが意識できるようにしましょう。

② 器具の使い方をいつでも確かめられる

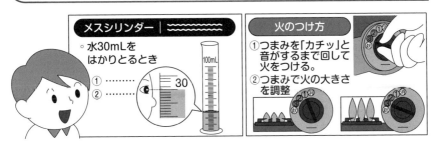

　子どもたちが解決の方法を発想する際，**どのような器具で実験をすることが可能か**を考えます。その際，教科書でどのような実験を行っているのかを，子どもたちが参考にする方法があるでしょう。また，巻末などにある加熱器具やメスシリンダーなどの使い方も子どもたち自身が実験器具を選択し，実験を行う際に使い方を想起する場合に役立ちます。

　T：水に溶けて見えなくなった食塩が水の中にあるかを確かめるのですね。

　C：重さをはかれば，溶かした食塩の分だけ重くなっていると思う。

　C：ぼくは食塩が溶けた水を蒸発させ，中から食塩が出るか確かめたい。

　C：私はそれに加え，もし食塩が出てきたら食塩の粒と出てきた食塩を比べるために顕微鏡を使いたいな。

　T：なるほど。何のために比べるのですか？

　C：食塩の結晶の粒の形が同じだったら，溶かした食塩だとわかるから。

　T：使い方は大丈夫かな？　不安であれば使い方のページを見ましょうね。

　自分たちが決めた実験方法で，予想や仮説を確かめることは主体的であり，グループ内で予想を検証する方法を確かめ合うときには，対話も行われます。このようなとき，既習事項である実験器具の使い方を教科書で自主的に確かめることができるという意味は大きいです。初めは教師から提案する形で，実験器具の扱い方のページをアナウンスしてはどうでしょうか。

（辻　健）

1 物のとけ方

[粒子領域]

① 新教科書はここが変わった！

食塩の行方は質的・実体的な見方を働かせて探る

　物の溶け方の学習は，水に食塩を溶かすことから始まり，見えなくなった食塩の行方を調べていきます。このとき，新しい教科書では，見えなくなった食塩がその液の中に「ある」のか，「ある」とすればどれくらいあるのか，または，どこかに「なくなったのか」といった，質的・実体的な見方を働かせるように取り扱われています。

見えない物が「ある」ことを示す方法は，既習事項を生かして発想する

　水に物が溶けて見えなくなったときに，溶けた物が水の中に「ある」ことを確かめる方法では，これまで学習してきたことを生かすことが大切です。第3学年の「物と重さ」の「物は形が変わっても重さは変わらない」という知識だけでなく，第4学年の「水の三態変化」で学習した「水は蒸発する」という知識も生かし，解決の方法を示している教科書もあります。

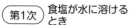

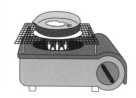

◆育成したい"子どもの姿"

【知識・技能】
・物が水に溶けても，水と物とを合わせた重さは変わらないことを理解
　している。
・物が水に溶ける量には，限度があることを理解している。
・物が水に溶ける量は水の温度や量，溶ける物によって違うことを理解
　している。また，この性質を利用して，溶けている物を取り出すこと
　ができることを理解している。
・物の溶け方について，器具や機器などを正しく扱いながら調べ，それ
　らの過程や得られた結果をわかりやすく記録している。

【思考・判断・表現】
・物の溶け方について追究するなかで，物の溶け方の規則性についての予
　想や仮説をもとに，解決の方法を発想し，表現するなどして問題解決し
　ている。

【主体的に学習に取り組む態度】
・物の溶け方についての事象・現象に進んで関わり，粘り強く，他者と
　関わりながら問題を解決している。
・物の溶け方について学んだことを学習や生活に生かそうとしている。

実践編｜第5学年

② 働かせたい「見方・考え方」

　粒子領域では，「質的・実体的」な見方を働かせて，自然事象をとらえること
を大切にしましょう。そのために，水に溶けた食塩が水の中に「ある」というこ
とや，物が水に溶ける量には限度があるといった物の性質に目を向けさせま
す。水に物が溶ける量を調べるときには，水の量や温度
といった条件を制御しながら実験を進めていきます。

　3年生の「物と重さ」で，質的・実体的な見方を働か
せながら学習した質量保存のことを想起させたり，物が
水に溶ける量を測定していくときに，定量的に測定して
いくことに気づかせたりしながら，解決の方法を発想す
る力を育てていきます。

食塩が
あるのかないのか
という視点で
とらえることが，
質的・実体的な
見方を働かせる
ことだね

単元計画を見てみよう（全14時間）

第1次　食塩が水に溶けるとき（1・2時）

？ 水に溶けて見えなくなった食塩は，どうなったのだろうか

　既習事項にもとづき，実験方法を発想し，物が水に溶けても，全体の重さは変わらないことを理解する。物が水に溶ける量について，器具を正しく扱いながら調べ，結果を適切に記録する。

…… 主な評価 ……

すべての物を
はかって比べる
【知識・技能】

第2次　物が水に溶ける量（3〜10時）

？ 物が水に溶ける量には限りがあるのか。水溶液に溶け残った物を溶かすには，どうすればよいのだろうか

　条件を制御した実験をしながら，物が溶ける量の限界や，溶ける量が変化する条件について明らかにする。水に溶けて見えなくなった食塩の行方を確かめるための方法を発想し，表現する。

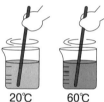

条件を制御して
実験方法を考える
【思考・判断・表現】

第3次　水に溶けた物をとり出す（11〜14時）

？ 水に溶けた物は，どうすればとり出せるのだろうか

　水を蒸発させたり，温度変化を利用したりする方法を発想し，粘り強く取り組みながら，水に溶けた物のとり出し方について理解する。水に溶けた物をとり出す活動に進んで取り組み，粘り強く問題解決する。

水溶液に溶けている物
を継続的に追究
【主体的に学習に取り組む態度】

④ ここに注目！"できる授業" 3 つのポイント

ポイント1 | 「主体的・対話的で深い学び」にするために

　子どもたちは水に物が溶ける様子をじっくりと観察する機会はあまりないはずです。そこで，単元の初めには，食塩などが溶ける様子を十分に観察させ，子どもたちが主体的に学習に取り組めるようにしましょう。

　また，学習したことが，塩づくりなどに役に立つことを教科書の資料などで理解していくことで，より深い学びとなります。

じーっ

ポイント2 | 「資質・能力」の育成のために

　水に溶けた物の行方について学習する場面では，3年生や4年生での既習事項を生かすことで，解決の方法が発想しやすくなります。また，水に溶けた物のとり出し方を考える場面では，その前に学習した水に物が溶けるときのきまりを活用させ，単元を通じた資質・能力の育成をめざしましょう。

60℃ ➡ 20℃

温度が上がると
溶ける量がふえるから
温度を下げれば…！

ポイント3 | 「見方・考え方」を働かせるために

　溶けた物の行方を調べる場面では，見えなくなった物が液の中にあるのかに着目させることで，実体的な見方を働かせることができます。また，溶けた物をとり出す場面では，水溶液のどのような性質を用いればとり出せるかを考えることで，質的な見方を働かせることができます。

食塩はこの中にある！

???g

⑤ 新教科書のここを見て！

第1次　食塩が水に溶けるとき（2時）

　食塩が水に溶ける様子を観察して，水と物とを合わせた重さは変わらないことを学習する場面。

見方・考え方の
ポイント

働かせるべき「理科の見方・考え方」
質的・実体的な見方を働かせて，問題を解決していきます。

● 物が水にとけるとき

● 問題

水にとけて見えなくなった食塩はどうなっただろうか。

ポイント　水にとけた食塩は，水の中にあるのかな。あるとすれば，どれくらいあるのかな。

予想　・水にとけて見えなくなった食塩がどうなったのか，予想しましょう。

見えなくなったけど，きっとその液の中にあるんじゃないかな。

問題解決の力（解決の方法を発想する力）を育てる
既習事項を生かして，解決の方法を発想させます。

● たしかめる方法を考えよう

予想をたしかめるためには，どのような実験をすればよいでしょうか。

4年生では，水について学習したね。水は蒸発するから…　**➡ 実験①へ**

実験②へ　3年生「物と重さ」の学習から，見た目が変わったときの重さに注目すると…

解決の方法を発想するヒント
ここをもとに考えると，確かめる方法が考えやすくなります。

● 実験

実験① 水を蒸発させる。
水を蒸発させた後に，何が残るかを見る。
ガラスぼうについた液をスライドガラスの上に落とす。

水　　食塩がとけた液

スライドガラスは，風通しがよく，日光がよく当たる場所に置く。

実験② 重さを比べる。
食塩がとける前と後で，重さが変わるかどうかを調べる。

とける前　　とけた後

対話的な学びはココ！
考えた方法で，どのような結果が得られるかを話し合わせると，見通しがもてるようになります。

予想が正しいとすると，これらの実験でどのような結果が得られるかな。考えてみよう。

結果から考える

　複数の実験結果を並べて，それぞれの結果の，問題や予想についてどのようなことがいえるのかを考えさせることで，複数の結果から，より妥当な結論を導きだすことができます。

妥当な結論に近づける

　複数の実験結果があると，より妥当な結論に近づけることができます。

● 結果

実験①

水のみの方は，ほとんど何も出てこなかった。

実験②

	とかす前	とけた後
重さ	128g	128g

● 結果から考えよう

実験結果から，どのようなことがわかるでしょうか。

 重さは，とかす前と後で変わってないということに注目すると，問題について何がわかるかな。

スライドガラスの上に何かが残っているね。ということは…

○食塩はとけてからも，重さはそのまま残っていて，しかも水がなくなると，食塩のような物が出てきたということは…

まとめ

・ **とかす前の水と物を合わせた重さと，とかした後の水よう液の重さは等しい。**

・ **とけた物は見えなくなるが，水よう液の中にある。**

水よう液の重さ＝水の重さ＋とけた物の重さ だね

● 深めよう

上の性質は，水にとけるほかの物（さとうやミョウバン）についても当てはまるのでしょうか。
計画を立てて，調べてみましょう。

深い学びにつなげる

　食塩を用いた実験で明らかにすることができた水溶液の性質が，水に溶けるほかの物についても当てはまるのかを調べることで，深い学びにつなげることができます。

ほかの物質に注目！

　食塩以外の物も調べることで，物が水に溶けたときの重さについての性質を，より深く学ぶことができます。

見通しをもつ！

　発想した解決の方法により得られる結果を考えさせ，見通しをもたせるようにします。

学習指導案例

1 単元名

「物のとけ方」

2 本時の目標

　水に溶けて見えなくなった食塩の行方について，自分の予想をもとに，解決の方法を発想し，表現するとともに，その過程や結果を記録することができる。

3 本時で育成する「資質・能力」と授業構想

　本時では，前時までの学習を生かして，資質・能力の3つの柱のうち「思考力，判断力，表現力等」の解決の方法を発想し，表現することに重点をおく。そのため，水に溶けて見えなくなった食塩の行方について，既習事項と関係づけて，一人ひとりが予想を明確にもつことができるようにしていきたい。解決の方法を考えるときには，見えなくなった食塩の有無がわかるようにするにはどうすればよいのかといったことを焦点化して取り扱うようにする。そして，解決の方法について交流する際には，自分たちが考えた解決の方法について話し合うだけでなく，そのような方法をとったときに，自分の予想にもとづくと，どのような結果が得られるのかという結果の見通しまで話し合うようにすることで，見通しをもって，解決の方法を発想する力を育成することにつなげることができる。

4 働かせる「見方・考え方」について

働かせる見方（質的・実体的）	働かせる考え方（条件制御）
「水に溶けて見えなくなった食塩はどうなったのか」という問題に対して，質的・実体的な見方を働かせながら問題を解決する。	食塩水を蒸発させる際に，同じ量の水も，同じような条件で蒸発をさせたり，重さを調べる際に，食塩が溶ける・溶けないといった条件だけが変わるように，密閉した容器の中で食塩を溶かしたりと，条件を制御しながら解決の方法を発想する。

5 本時の展開 (2 / 14)

	学習活動・内容	○指導上の留意点　☆評価
導入	1　前時で，食塩が水に溶ける様子から見いだした問題について確認する。	○必要に応じて，前時で用いた，細長い容器に，ティーバッグに入れた食塩を水に溶かすための装置を準備しておく。
	水に溶けて見えなくなった食塩はどうなったのか。	
展開	2　予想や仮説を立てる。 C：食塩は見えなくなったから，もうなくなっていると思う。 C：見えなくなっても，水の中に食塩はあると思う。	解決の方法を発想させることが，この授業の目標だよ！
	3　予想や仮説をもとに，実験計画を立てる。 C：前に学習したことが，今回の実験の参考になるね。 C：水を蒸発させれば，わかるんじゃないかな。 C：見えなくなっても，食塩があれば，重さがあると思う。	○電子てんびんなど実験の方法で出てくると予想される道具を準備する。 予想がはっきりしていると，実験の方法も考えやすい！ ☆溶けた食塩の行方に着目して，予想や仮説をもとに，解決の方法を発想している。（発言・記述）【思考・判断・表現】
	4　結果の見通しをもって，実験する。 C：私の予想だと，水が蒸発したら食塩が出てくると思うよ。 C：重さが変わらなければ，予想が正しいといえるね。	○うまく実験が進む班とそうでない班を見取り，実験方法を改善できるように助言する。 ☆溶けた食塩の行方について調べ，その過程や結果を記録している。（記述）【知識・技能】
まとめ	5　結果を整理し，共有する。 C：水が蒸発すると，食塩が出てきたよ。重さも変わらなかった。	○ほかのグループの結果もわかるようにまとめ，差異点・共通点に気づけるようにする。

（志田正訓）

実践編｜第5学年

2 流れる水の働きと土地の変化
［地球領域］

① 新教科書はここが変わった！

ポイント1 「予想をもとに実験計画を考える」のプロセスで資質・能力へ

　子どもたちが問題に対して予想する場面を明確に示すようにした教科書が増えました。5年生で育てたい問題解決の力である「解決の方法を発想する力」を育成するためには，まず一人ひとりが予想をもつことが大切です。既習を振り返りながら根拠のある予想を立てられるようにしましょう。

ポイント2 子ども自身が解決の方法を発想する

　流れる水の量が増えたときの流れる水の3作用（侵食・運搬・堆積）について追究する場面では，子どもたち自身が実験方法を発想する場面を設けるようにします。流れる水の働きを調べたモデル実験の経験や，条件制御の考え方を用いて実験方法を考えられるようにします。その実験で自分の予想を確かめられるかを検討するとさらに見通しのある学習になります。

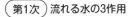

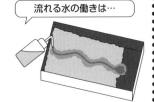

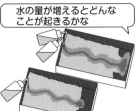

◆育成したい"子どもの姿"

【知識・技能】
・流れる水には，土地を侵食したり，石や土などを運搬したり堆積させたりする働きがあることを理解している。
・川の上流と下流によって，河原の石の大きさや形に違いがあることを理解している。
・雨の降り方によって，流れる水の速さや量は変わり，増水により土地の様子が大きく変化する場合があることを理解している。
・流れる水と土地の変化について，器具や機器などを正しく扱いながら調べ，それらの過程や得られた結果をわかりやすく記録している。

【思考・判断・表現】
・流れる水の働きについて追究するなかで，流れる水の働きと土地の変化との関係についての予想や仮説をもとに，解決の方法を発想し，表現するなどして問題解決している。

【主体的に学習に取り組む態度】
・流れる水の働きと土地の変化についての事物・現象に進んで関わり，粘り強く，他者と関わりながら問題解決している。
・流れる水の働きと土地の変化について学んだことを学習や生活に生かそうとしている。

実践編 第5学年

② 働かせたい「見方・考え方」

　地球領域では，「時間的・空間的」な見方を働かせることが大切です。大地を流れる水というスケールの大きな事象を，モデル実験によって検証し，実際の川の観察と関係づけてとらえられるようにします。モデル実験では，「条件制御」の考え方を働かせて解決の方法を発想します。「流れる水の量が増えたときの削られ方を見たいから変える条件は……」と条件に目を向けて方法を考えることで見通しをもった検証を行うことができます。

　流れる水の量が増えたときの流れる水の働きについては，「量的・関係的」な見方を働かせることで，事象をよりとらえやすくなります。

③ 単元計画を見てみよう （全12時間）

(1) 第1次 流れる水の3作用 （1～6時）

？ 流れる水には，どんな働きがあるのだろうか

　流水実験場に山を作って水を流し，水が流れる様子を観察する。気づきを共有しながら問題を見いだし，追究への意欲をもつ。

(2) 第2次 上流と下流の石 （7・8時）

？ 上流と下流の石の違いに，水の流れが関係しているのだろうか

　上流と下流の石を比較し，角ばった大きな石が流されながら削られて丸い小さな石になることを学ぶ。川の上流と下流によって河原の石の大きさや形に違いがあることを理解する。

(3) 第3次 増水による土地の変化
（9～11時）

？ 大雨によって流れる水の量が増えると，土地の様子はどのように変化するのだろうか

　モデル実験を通して，流れる水の量が増えることで，流れる水の働きが大きくなり，川の形が大きく変化することを学ぶ。流れる水と土地の変化の関係に着目して，予想や仮説をもとに，解決の方法を発想して問題を解決する。

＊12時は，川の写真を見て単元をまとめます。

…… 主な評価 ……

水が流れる様子を見て
追究への意欲をもつ
【主体的に学習に取り組む態度】

○○川でも同じことが起きているね

わかったことを実際の
川で確かめて理解
【知識・理解】

既習を生かして実験
方法を発想
【思考・判断・表現】

ここに注目！"できる授業"3つのポイント

ポイント1 「主体的・対話的で深い学び」にするために

　問題を解決する方法を発想する場面を主体的・対話的で深い学びにするためには，まずは子どもたち一人ひとりが予想をもっていることが大切です。対話的な学びへとつなげていくために，友達と予想やそれを解決するために発想した実験方法の妥当性を話し合います。

ポイント2 「資質・能力」の育成のために

　「流れる水の3作用」「増水による土地の変化」の2つの問題解決活動でモデル実験を行います。2度目のモデル実験では，流れる水の3作用を調べた実験をもとに解決の方法を発想することができるようになります。単元を通して資質・能力を育成する授業構成が，"できる授業"となる最大のポイントです。

ポイント3 「見方・考え方」を働かせるために

　モデルでの実験だけで終わらせるのではなく，実際の川の様子を見て，モデル実験で学んだことと実際の川で起きている現象を結びつけ，時間的・空間的な見方でとらえることができるようにします。「増水による土地の変化」では，地球領域ではありますが量的・関係的な見方でとらえると現象に対する見通しをもたせやすいことが特徴の一つです。

水の量を増やすと流れる水の働きは…

⑤ 新教科書のここを見て！

第3次　増水による土地の変化（9～11時）

　モデル実験を通して，流れる水の量が増えることで，流れる水の働きが大きくなり，川の形が大きく変化することを学ぶ場面。

見方・考え方の
ポイント

条件制御の考え方を働かせる
　変える条件，変えない条件を考えて解決方法を発想します。

既習を生かす
　流れる水の3作用を調べた実験を想起して方法を考えます。

見通しをもつ！
　水が増えたときにどんなことが起きるのかという問題を意識して実験方法を決定していきます。

対話的な学びはココ！
　発想した実験方法の妥当性を対話的な学びのなかで検討することで，よりよい実験方法へとつなげます。

● 増水による土地の変化

予想

〈5年生で学んだこと〉
台風の大雨で，大きな災害につながることがあった。

水の量が増えると，流れる水の働きも…

計画

変える条件	変えない条件
水の量	かたむき 土の量

実験1と同じ，実験道具が使えそうだね。

流す水の量はどうやって変えるといいかな？

土のけずられ方の様子を見てみよう。

104

問題解決の力（解決の方法を発想する力）を育てる

　確かめたいことがはっきりしていれば，実験器具に何を用いるかは理科室などの環境で変更できます。別の方法が掲載されているのでそちらもチェックして実験方法を考えましょう。

ICT の活用！

　タブレットで記録しています。映像で残して見直すことがこのモデル実験ではとても有効な手立てとなります。

● 実験

別の方法

土山で調べてもよい。

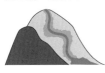

比較を用いた検証

　水の量が増えたときとそうでないときを比較することで結果をとらえやすくなります。

● 結果

水の量が増えると，カーブの外側が大きくけずられ運ばれる土の量が増え，積もる土の量も増えた。

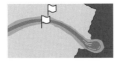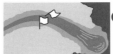

予想を確かめられる方法を！

　ここでは，カーブを1つ作って実験していますが，子どもたちの予想に応じて，カーブの数や川の長さを変えることも考えられます。

まとめ

水の量が増えることで，しん食・運ぱん・たい積の働きが大きくなる。

モデルと実物をつなげる

　実際の川の様子でも確認して，実感を伴った理解につなげましょう。

実践編｜第**5**学年

学習指導案例

1 単元名
「流れる水の働きと土地の変化」

2 本時の目標
　流れる水と土地の変化の関係に着目して，予想や仮説をもとに，解決の方法を発想して問題を解決し，流れる水と土地の変化の関係について調べ，その過程や結果を記録する。

3 本時で育成する「資質・能力」と授業構想
　本時では，前時までの学習を生かして，資質・能力の3つの柱のうち「思考力・判断力・表現力等」の解決の方法を発想し，表現することに重点をおく。
　流れる水の3作用を調べる際に，モデル実験を経験している。本時で追究するのが「大雨で水の量が増えたときの土地の様子の変化」であるため，前回の実験方法をベースにして検証ができる。「カーブの外側がより削られる」や「上流と下流で変化の仕方が違う」といった一人ひとりの予想や仮説を確かめることができるようにモデル実験に工夫を加えていく。子どもたちが予想や仮説をもっていることが大切なので，個人で予想や仮説を書く時間を十分に確保する。どのようにすれば予想や仮説を確かめることができるかを検討することでよりよい解決の方法へと練り上げていく。

4 働かせる「見方・考え方」について

働かせる見方（量的・関係的）	働かせる考え方（条件制御）
「流れる水の量が増えると，大地の様子はどのように変わるのだろうか」という問題に対して，量的・関係的な見方を働かせながら問題を解決する。	流れる水の量を増やしてモデル実験を行うとよいということに着目して，条件を制御しながら解決の方法を発想する。

5　本時の展開（9～11／12）

	学習活動・内容	○指導上の留意点　☆評価
導入	1　普段の川と大雨で増水したときの川の様子を比較して問題を見いだす。 C：増水する前と後で川の様子が大きく変わったよ。 C：大雨で水が増えたことが原因だね。	○普段の写真，増水時の写真，増水後の川の変化がわかる3枚の写真を準備する。
展開	 人雨によって流れる水の量が増えると， 土地の様子はどのように変わるのだろうか。 2　予想や仮説を立てる。 C：前のモデル実験では，川の外側が削られたから，水を増やすとより削れるようになると思う。 C：運ぶ働きや積もらせる働きも大きくなると思う。 3　予想や仮説をもとに，実験計画を立てる。 C：前のモデル実験が今回の実験の参考になるね。 C：水を増やして流すものとそうでないもので同時に実験して水の様子を比べたいね。 C：川のカーブのところに棒を立てて倒れるか見よう。 4　結果の見通しをもって，実験する。 C：私の予想だと，川の幅が広がると思うよ。 C：外側の棒の倒れる数が増えれば，予想が正しいといえるね。	○土を入れる箱，土，棒など実験の方法によって必要になると予想される道具を準備する。 ☆流れる水と土地の変化の関係に着目して，予想や仮説をもとに，解決の方法を発想して問題を解決している。 （発言・記述）　　【思考・判断・表現】 ○うまく実験が進む班とそうでない班を見取り，実験を改善できるように助言する。 ☆流れる水と土地の変化の関係について調べ，その過程や結果を記録している。 （記述）　　　　　　　【知識・技能】
まとめ	5　結果を整理し，共有する。 C：水の量を増やしたときは，川の幅が広がったよ。下流に積もる土も増えた。 C：ほかの班も同じような結果だね。	○ほかのグループの結果もわかるようにまとめ，差異点・共通点に気づくことができるようにする。

（齋藤照哉）

実践編　第5学年

107

どうやって「考察を書く」といいの？
―「考察」「結論」「まとめ」は何が違うのか―

1.「考察」と「結論」は，子どもの「問題解決の過程」に位置づけられているもので，子ども自身が考えて表現するようにしたい

「考察」は，主に結果（事実）からわかったことを指します。しかし，たんに結果からわかったことのみを書くのではなく，事実（実験方法＋結果）と解釈（結果からわかったこと）の2つの要素を入れます。

たとえば，第5学年の振り子の場合，「振り子の1往復する時間は，何によって変わるのだろうか」という問題に対しての考察は，以下のようになります。

振り子の長さ，おもりの重さ，振れ幅，それぞれの条件の違いによって
振り子の1往復する時間が変わるか調べると（**実験方法**），
振り子の長さを変えたときだけ振り子の1往復する時間が変わった（**結果**）。
このことから，振り子の1往復する時間は，
振り子の長さだけ関係があることがわかった（**結果からわかったこと**）。

一方，「結論」は，問題に正対した答えを示すものです。

たとえば，第5学年の先の振り子を例にすると，「振り子の1往復する時間は，何によって変わるのだろうか」という問題に対しての結論は，「振り子の1往復する時間は，振り子の長さによって変わる」になります。

2.「まとめ」は，主に教科書に使われている言葉で，観察や実験の最後に「覚えたり確認したりしたい内容」を整理したもの

「まとめ」は，とくに教科書で使われている独特の表現で，上述の考察や結論，知識などさまざまです。観察や実験の最後に教科書として「これだけは教えてください，これだけは確認してください」という，覚えさせたいこと，しっかりと押さえておきたいことをまとめたものになります。

(寺本貴啓)

第6学年

〈 第6学年の特徴 〉より妥当な考

えをつくりだす

1 水溶液の性質と働き [粒子領域]

2 植物の養分と水の通り道

　　〜でんぷんのでき方〜 [生命領域]

より妥当な考えをつくりだす

① いくつかの結果を合わせて考えると……

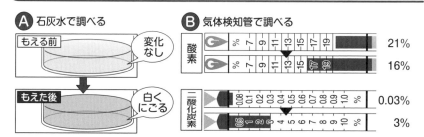

Ⓐ 石灰水で調べる　　　　Ⓑ 気体検知管で調べる

もえる前　変化なし

もえた後　白くにごる

酸素　21%　16%

二酸化炭素　0.03%　3%

　6年生では，**より妥当な考えをつくりだす**ことを大切にしていきます。1つの実験結果や1つの班の観察記録から結論を導きだすのではなく，**複数の結果やほかの実験結果などを合わせたうえで，より妥当な考えに近づけていく**ことなどが考えられます。

　つまり，本当にこれでいいのか，結論を導きだす際にもう一度見直してみるというのが，より妥当な考えをつくりだすのには不可欠だということです。燃焼や呼吸の実験では，気体検知管を使えば結論が導きだせるというのが今までのやり方でした。しかし，より妥当な考えをつくりだすことを考えると，石灰水の実験結果も合わせたうえで結論を導きだすことが考えられます。

　　C：気体検知管の結果だけじゃなく，燃焼後の集気びんでは石灰水が白く
　　　　にごったから，燃焼後は，はじめより二酸化炭素が多く含まれている
　　　　といえるね。

　　T：2つの種類の実験結果から考えましたね。

　　C：はい。たった2〜3パーセントの二酸化炭素の違いに反応するなんて，
　　　　石灰水ってすごい水溶液だよね。

　　C：16パーセントも酸素が残っているのに，火が消えてしまうのも不思議。

このように，子どもが見通しをもって実験を行おうとするためにも，教科書にあるような表を準備して，子どもたちが意識できるようにしましょう。

② 問題解決の過程を吟味する

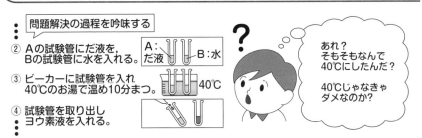

小学校理科の集大成である6年生では，**問題解決の過程の全体を通して，自分たちが学習してきた過程を振り返る**ようにしましょう。問題に対してこの予想は妥当なのか，この実験は予想や仮説を検証するものになっているのかなど，それぞれの過程で学びを俯瞰し，振り返るような姿が望ましいです。

教科書には，問題解決の過程がていねいに示してありますが，矢印どおり，ページどおりに進むのではなく，時には前のページを見返したり，実験結果から実験方法へのように戻ったりすることも必要です。

T：ごはんと唾液をまぜてヨウ素液をかけたらどうなりました？

C：ごはんつぶに水を入れたほうは青紫色に変化したけど，だ液を入れたほうは変化がなかったよ。

C：先生，この実験は40℃に温めて行ったけど，温めないものと比較したほうがよかった気がするよ。

T：よいところに目をつけましたね。でもどうしてそう思ったのですか？

C：実験方法に書いてあったからやったけど，40℃でないといけないのかについては調べていなかったから。

このように，いつも結果から考察，結論へ向かうのではなく，時には実験方法に戻って考える活動を行うことで，子どもたちはより主体的になり，実験の意味を考えるなど，深い学びを行うようになるでしょう。

（辻　健）

水溶液の性質と働き
［粒子領域］

1 新教科書はここが変わった！

ポイント1 身近な水溶液を扱うことで，身の回りの水溶液を見直す

　水溶液には色がついているものや透明なものがあります。第5学年で学習した食塩水やミョウバン水と比較しながら，炭酸水・食塩水・石灰水・薄い塩酸・薄いアンモニア水などの水溶液を自分の力で区別していきます。

　それぞれの水溶液を同定する方法として，まずは見た目やにおいをもとに分けていき，第5学年で学習した蒸発乾固をすることで水溶液の中に溶けているものを取り出します。白い粉が残ったり，何も残らなかったりと，複数の水溶液を取り扱うことで思考を深めていく展開になっています。

ポイント2 複数のデータからより妥当な考え方をつくりだす

　金属（アルミニウム）が塩酸に溶ける様子を取り扱うことは今までと変わりはありませんが，その後の出てきた塩化アルミニウムを調べていく方法が複数あり，資質・能力の育成へと結びつきやすい構成になっています。

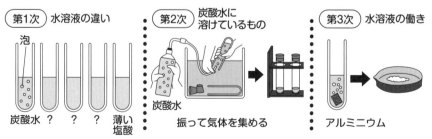

◆育成したい"子どもの姿"

【知識・技能】
・水溶液には,酸性,アルカリ性および中性のものがあることを理解している。
・水溶液には,気体が溶けているものがあることを理解している。
・水溶液には,金属を変化させるものがあることを理解している。
・水溶液について，器具や機器などを正しく扱いながら調べ，それらの過程や得られた結果をわかりやすく記録している。

【思考・判断・表現】
・水溶液について追究するなかで，水溶液の性質や働きについて，より妥当な考えをつくりだし，表現するなどして問題解決している。

【主体的に学習に取り組む態度】
・水溶液についての事物・現象に進んで関わり，粘り強く，他者と関わりながら問題解決しようとしている。
・水溶液について学んだことを学習や生活に生かそうとしている。

② 働かせたい「見方・考え方」

　粒子領域では，「質的・実体的」な見方を働かせ，目に見えないものをどのように表現するのかを大切にします。

　3年生の「物と重さ」では，質量保存の考え方を学習し，5年生の「物のとけ方」で,実体的な見方を働かせて,「目に見えなくなったけど,水の中に残っている」ということを学習します。その見方を働かせて，6年生の塩酸とアルミニウムの関係や,炭酸水の泡の正体について学習を進めていきます。

　妥当な考え方をつくりだす場面では，一つのデータから結論を出すのではなく，複数のデータからはっきりしていることや未確定なことの判断をし，現時点で考えられることを図や絵・言葉を使って表現できるようにしたいものです。

数分たつ…

すると，
酸が熱をはなって，
傷ついたところを
はがしてくだく。

↓
・熱い
・灰色

③ 単元計画を見てみよう（全13時間）

(1) 第1次　水溶液の違い（1〜3時）

？ 同じように見える水溶液，どのように見分けることができるのだろうか

見た目やにおいをもとに，生活経験からわかること。そこからリトマス試験紙で酸性・中性・アルカリ性を区別したり，中に溶けているものを取り出してみたりする実験を行う。（炭酸水・食塩水・石灰水・薄い塩酸・薄いアンモニア水）

(2) 第2次　炭酸水に溶けているもの（4〜7時）

？ 炭酸水には何が溶けているのだろうか

第1次で炭酸水を蒸発させても何も出てこなかったことから，固体ではない気体が溶けている予想をし，溶けているものが何の気体であるのかを調べる実験を行う。

(3) 第3次　水溶液の働き（8〜13時）

？ 金属が溶けて液体から出てきた固体はもとの金属と同じ物だろうか

出てきた固体をもとの金属と比べる・もう一度塩酸に入れる・電気を通す・磁石に近づけるなどの実験を通して，金属を変化させる水溶液について学習する。

…… 主な評価 ……

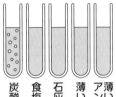

炭酸水　食塩水　石灰水　薄い塩酸　薄いアンモニア水

見た目が同じような水溶液を自分の力で区別
【知識・技能】

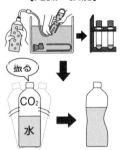

振る

CO₂
水

1つの実験結果をもとに，さらに予想し実験する
【思考・判断・表現】

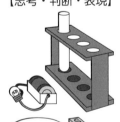

既習事項を生かして複数の実験方法で追究
【主体的に学習に取り組む態度】

④ ここに注目！"できる授業"3つのポイント

ポイント1 | 「主体的・対話的で深い学び」にするために

　本単元では，身近な水溶液を取り扱い，内容の表示や取扱注意の欄に書かれていることを手掛かりにして学習を進めます。複数の液体を扱い，一人では解決できない問題をグループで行うことでより妥当な考え方ができるよう，自然と対話を促す展開になっています。

泡が出ているのは炭酸水かな？

ポイント2 | 「資質・能力」の育成のために

　第6学年では，各学年で育成されてきた資質・能力を生かして学習を進めます。問題を見いだす場面では，第5学年での食塩を水に溶かした経験をもとに，塩酸にアルミニウムを溶かした後に「溶け方が違ったから出てきた物はアルミニウムのままではないのではないか」など，既習事項を生かした追究ができるようにします。

　アルミニウムがもとのままであるのかを検証する方法も，さまざまな実験方法が構想できますが，その複数の結果をもとに，現段階ではっきりしていることを明確にし，より妥当な考え方がつくりだせるようにします。

ポイント3 | 「見方・考え方」を働かせるために

　第5学年の「物の溶け方」の学習を意識しながら学習を進めます。食塩水やミョウバン水の中に溶質がそのまま残っていたことをもとに，実体的な見方を働かせながら図や絵を使って表現させることが大切です。

実践編｜第6学年

115

⑤ 新教科書のここを見て！

第3次　水溶液の働き（11・12時）

　塩酸に金属（アルミニウム）が溶けた液体を蒸発させて出てきた固体は、もとの金属と同じものかどうかを根拠をもって予想し、実験を通して考察、結論を考える場面。

問題解決の力（根拠のある予想を発想する力）を育てる

　見た目や溶け方によって、溶かした金属が、もとの金属と同じなのか、違うものなのかを予想しています。

構想した実験の結果を見通す！

　自分で考えた実験方法で、実験した場合、どのような結果になるのか見通しをもつことが大切です。

問題解決の力（解決の方法を発想する力）を育てる

　単元内の既習事項を生かした実験方法の構想や、金属の学習について3年生からのことを想起して構想しています。

塩酸にとけたアルミニウムは、どうなったのだろうか

● **問題**

　塩酸にとけた液体を蒸発させて出てきた固体は、アルミニウムと同じものだろうか。

予想　・塩酸にとけて見えなくなったアルミニウムがどうなったのか、予想しましょう。

見た目は変わった(«けれど、アルミニウムはとけて液の中に残っていると思う。

アルミニウムはとけたときにあわになって消えたと思う。

見た目が違うということは、違う金属になったのではないかなあ。

出てきた固体がアルミニウムと同じかどうかは、どうすれば確かめることができるかな。

計画

アルミニウムがとけた液から出てきた固体が、もとのアルミニウムと同じかどうか、調べる方法を考えよう。

出てきた固体を塩酸に入れてみよう。アルミニウムならあわを出してとけるはずだよ。

アルミニウムは水にとけないから、水へ入れてみよう。

● **学んだことを活用しよう**

※アルミニウムと鉄を使って比較実験する場合もあります。

対話的な学びはココ！
考察した内容が，自分だけで完結しないよう，対話をしながら考えをつくりだしていきます。

多面的にとらえる
実験方法が複数の場合，表に整理することで比較しながら結果を分析することができます。

● 結果

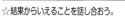

	色やつや	塩酸の中に入れたとき	水の中に入れたとき
アルミニウム	うすい銀色で，つやがある。	あわを出してとけた。試験管があたたかくなった。	とけなかった。
アルミニウムがとけた液から出てきた固体	白色で，つやがない。	あわを出さずにとけた。試験管はあたたかくならなかった。	とけた。

☆結果からいえることを話し合おう。
　①自分で考える。
　②互いの考えを発表し合う。
　③自分の考えを見直す。

☆結果から考えよう。
この実験の結果から，アルミニウムがとけた液から出てきた固体は，もとのアルミニウムと同じものといえるのだろうか。

考察の視点をしぼる！
多くの結果を処理して考察に移る前に，視点を明確にします。

● 考察

この実験結果から，出てきた固体はもとのアルミニウムとは別のものになったといえるね。

〇〇さんの予想どおりの結果といえるね。塩酸はアルミニウムを別のものに変える働きがあるんだね。

見方・考え方の
ポイント

もとの金属

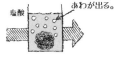
塩酸　　　あわが出る。

別のもの

問題解決の力（妥当な考えをつくりだす）を育てる
複数の結果や，発表し合った意見をもとに考察を図や絵，言葉を使って表現していきます。

● 結論

○ **アルミニウムは塩酸にとけて別のものに変わる。**
○ **水溶液には金属を別のものに変化させるものがある。**

問題に正対した結論
実験結果から得られたことや，考察で考えたことをもとに，一つの問題解決を通して得られた結論を出します。

実践編｜第6学年

学習指導案例 //

1 単元名

「水溶液の性質と働き」

2 本時の目標

　塩酸には物を変化させる働きがあるのか，実験を通してより妥当な考え方をつくりだすことができる。

3 本時で育成する「資質・能力」と授業構想

　塩酸の中に溶けたアルミニウムを蒸発させて取り出し，出てきたものを追究するなかで，複数の実験方法を行い，得られたデータをもとに出てきたものについて，より妥当な考え方ができるようにする。

4 働かせる「見方・考え方」について

働かせる見方（質的・実体的）	働かせる考え方（多面的に見る）
塩酸に溶けていたものを調べる活動を通して，出てきた固体がもとのものと違う結果から，質的に変化したことをとらえられるようにする。その目に見えない現象について「質的・実体的」な見方を働かせられるようにする。	出てきた固体が何なのか予想を共有する場面や，考察の場面，さらに実験方法が多岐にわたるため，複数の結果を多面的に考えることを通してより妥当な考えをつくりだすことができるようにする。

5 本時の展開 (11・12 / 13)

	学習活動・内容	○指導上の留意点 ☆評価
導入	塩酸にはものを変化させる働きがあるのだろうか。 1 アルミニウムが溶けた塩酸を蒸発させて出てきたものをもとに予想を立てる。 C：食塩のときのように，そのまま残ったものが出てきただけ。 C：泡を出して溶けていたから，塩酸には何か力がありそう。	○出てきた「粉」を提示して予想を立てるだけでなく，第5学年の食塩の学習と比べて何が考えられるのか，系統性を意識した支援ができるようにする。 ○塩酸の働きに着目して予想が立てられるように焦点化する。 ○粒子的なとらえができている図や絵を取り上げ，価値づける。

	学習活動・内容	○指導上の留意点　☆評価
展開	**2　実験方法を構想し話し合う。** C：出てきた粉をもう一度塩酸に入れて反応を見よう。 C：水に入れてみてアルミニウムと粉を比較しよう。 C：電気が通るのか調べてみよう。 C：もとのアルミニウムを細かくしたものと比べて光沢があるのか見てみよう。 C：重さを量ってみよう。 **3　実験を行い，結果をノートに記録する。** **4　実験結果を共有する。** C：粉を塩酸に入れても泡を出して溶けなかった。 C：水に入れたら，食塩のように広がり，水が濁った。 C：電気は通らなかった。 C：光沢がほとんどなくなっていた。 C：重さが増えていた。 **5　考察を書く。** C：もともとあったアルミニウムではなかったから，塩酸には何か働きがありそう。 C：出てきたものが変化していたから，5年生の食塩の学習とは違うね。 C：水のように見える塩酸でも，とても強い力をもっているね。 C：重さが増えていたから，アルミニウムに塩酸の何かがくっついたんじゃないかな。	○予想を確かめる方法になっているのかを問い返せるようにする。 ○自分が構想していない実験にも興味をもてるように，場の設定を工夫する。 ○自分が行っていない結果も取り入れて考察ができるようにする。 ○複数の結果があるため，分析しやすいように，記号化するなど表示の仕方を工夫する。 複数の結果が出そろったね ○複数の結果を取り入れてはっきりしていることとそうでないことを分けて表現できるようにする。 確実に言えることは何かな？ ○図や絵，言葉を使って表現できるように声をかける。 ☆塩酸の働きによってアルミニウムが変化した様子を多面的に考え表現することができる。　【思考・判断・表現】
まとめ	塩酸にはものを変化させる働きがあるのだろうか。 C：ほかにも金属を溶かす水溶液はあるのかな。	

実践編　第6学年

（尾方優祐）

119

2 植物の養分と水の通り道
〜でんぷんのでき方〜　[生命領域]

① 新教科書はここが変わった！

ポイント 1 「生物の機能と構造」について「共通性・多様性」の見方を働かせて，「人の体のつくりと働き」と比較しながら問題を見いだす

　これからの授業づくりでは，学習問題や結論で単元において主に働かせたい「見方」が入っているか意識することが大切です。新教科書では，対話例として人との比較で「植物だって水をあげないとかれちゃう」など「共通性・多様性」の見方の働いた発言に問い返して問題づくりが行われています。

ポイント 2 「生命領域」の資質・能力の系統性を意識して，対話的な学びを活性化させる

　「多面的な考え方」をするために，複数の実験からの考察や主に生命領域での系統的な学びが表現された発言例「どちらも〜」「(血管と)同じように〜」などや教師の問い返しが取り上げられています。教師が問題解決の過程において，本単元につながる系統的な学びを把握し，子どもから引き出すことで，考察の場面で対話的な学びが行われ「より妥当な考え」をつくりだすことにつながります。

第1次 植物の水の通り道　葉　くきの切り口　根の切り口　第2次 植物と空気　第3次 植物と養分　葉　アルミニウム箔で覆う

◆育成したい"子どもの姿"

【知識・技能】
・植物に日光が当たるとでんぷんができることを理解している。
・根，茎および葉には，水の通り道があり，根から吸い上げられた水は主に葉から蒸散により排出されることを理解している。
・植物の体について，器具や機器などを正しく扱いながら調べ，それらの過程や得られた結果をわかりやすく記録している。

【思考・判断・表現】
・植物の体のつくりと働きについて追究するなかで，体のつくり，体内の水などの行方および葉で養分をつくる働きについて，より妥当な考えをつくりだし，表現するなどして問題解決している。

【主体的に学習に取り組む態度】
・植物の体のつくりと働きについての事物・現象に進んで関わり，粘り強く，他者と関わりながら問題解決しようとしている。
・植物の体のつくりと働きについて学んだことを学習や生活に生かそうとしている。

② 働かせたい「見方・考え方」

　生命領域では，「共通性・多様性」の見方を働かせながら問題解決をすることが大切です。「植物の養分と水の通り道」について，植物と水，空気，養分との関わりを調べ，それを「人の体のつくりと働き」と比較しながら考え，「生物の機能と構造」について，より妥当な考えをつくりだしていきます。

水，空気，養分という視点から多面的に調べよう

「人の体のつくりと働き」と比較しながら，「共通性・多様性」の見方を働かせよう

③ 単元計画を見てみよう （全8時間）

(1) 第1次　植物の水の通り道 （1〜3時）

❓ 根が取り入れた水は，どこを通って，植物の体に行き渡るのだろうか

　ホウセンカをほり上げて，色水につけて，根・茎・葉の色，水面の位置が変化していく様子を観察して，根，茎および葉には，水の通り道があることを理解する。

❓ 水は，葉まで行き渡った後，どうなるのだろうか

　葉がついたホウセンカと葉をとったホウセンカに袋をかぶせて，袋の内側の様子を観察して水の行方について学ぶ。

(2) 第2次　植物と空気 （4・5時）

❓ 植物はどんな気体のやり取りを行っているのだろうか

　植物の葉に，袋をかぶせて息を入れ，入れた直後と約1時間後の酸素と二酸化炭素の体積の割合を気体検知管で調べ，「植物での気体の出入り」について学ぶ。

(3) 第3次　植物と養分 （6〜8時）

❓ 植物の葉に日光が当たると，でんぷんができるのだろうか

　ジャガイモの葉にアルミニウム箔で覆いをして，覆いを外した葉と外していない葉のでんぷんのできる様子を多面的に調べる。

…… 主な評価 ……

根，茎，葉には，水の通り道があることを理解
【知識・技能】

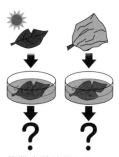

複数実験結果からより妥当な考えをつくる
【思考・判断・表現】

人と比べながら生命尊重の態度を養う
【主体的に学習に取り組む態度】

ここに注目！"できる授業"3つのポイント

ポイント1 主体的・対話的で深い学びにするために

　主体的に学習を進めていくために大切なことは，まず，
子ども自ら「問題を見いだす」ことです。本単元では，「共
通性・多様性」の見方を働かせて，「人の体のつくりと働き」
での既習内容「動物は生きるために食物を食べている」と
比較し，「植物は日光を当てたほうがよく成長するという
ことは？」などの発言を取り上げながら"追究可能な問題"
を見いだしていきます。

日光　日光
当てる　当てなかった

ポイント2 資質・能力の育成のために

　育成する資質・能力のうち，「思考力・判断力・表現力等」では「より妥
当な考えをつくりだす力」に重点が置かれています。「エタノールで葉の緑
色をぬく方法」「たたき染め」の2つの方法で多面的に調べたり，「人の体
のつくりと働き」と比較したりしながら考察することでより妥当な考えをつ
くりだすことにつながります。

実践編｜第6学年

ポイント3 「見方・考え方」を働かせるために

　生命領域では，「共通性・多様性」の見方を働かせることができるように
して，「見方・考え方」を働かせた発言や行動を価値づけることが大切です。
本単元では，第5学年「発芽」や第6学年「人の体のつくりと働き」など
既習内容から"生物の構造と機能"を関係づけて考えたり，"人と植物の水・
養分・空気との関わり"を比較して多面的に考えたりすることができます。

⑤ 新教科書のここを見て！

第3次 植物と養分 （7・8時）

　ジャガイモの葉にアルミニウム箔で覆いをして，覆いを外した葉と外していない葉のでんぷんのできる様子を観察して，「植物の養分のでき方」について考察する場面。

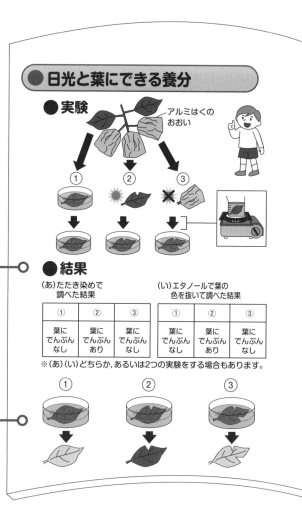

● 日光と葉にできる養分

● 実験

アルミはくのおおい

① ② ③

● 結果

(あ) たたき染めで調べた結果

①	②	③
葉にでんぷんなし	葉にでんぷんあり	葉にでんぷんなし

(い) エタノールで葉の色を抜いて調べた結果

①	②	③
葉にでんぷんなし	葉にでんぷんあり	葉にでんぷんなし

※ (あ)(い)どちらか，あるいは2つの実験をする場合もあります。

① ② ③

問題解決の力（妥当な考えをつくりだす）を育てる

　「妥当な考え」を導きだすために，どのような実験をしたらいいか，実験方法の根拠と結果の予想を考えさせましょう。

多面的な教え方を働かせる

　(あ)と(い)の複数の実験結果をふまえることで，いっそう「多面的に見る」考え方を働かせて，「妥当な考え」がつくりだせます。

124

　２つの実験を行った場合, 1 つの結果だけから考えている子どもへは「ほかの結果」へ意識を向ける発問をすることで「多面的に見る」考え方が働き, 対話が活性化されます。

● 考察

結果からいえることを話し合おう。

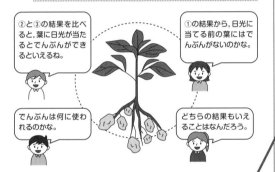

②と③の結果を比べると, 葉に日光が当たるとでんぷんができるといえるね。

①の結果から, 日光に当てる前の葉にはでんぷんがないのかな。

でんぷんは何に使われるのかな。

どちらの結果もいえることはなんだろう。

「共通性・多様性」の見方を働かせる

　「人の体のつくりと働き」と比較し「共通性・多様性」の見方を働かせて, 問題の見いだしや予想, 考察をさせましょう。

● 結論

・植物の葉に日光が当たるとでんぷんがつくられる。
・植物は成長するための養分を自分でつくる。

単元を通して

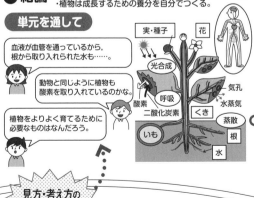

血液が血管を通っているから, 根から取り入れられた水も……。

動物と同じように植物も酸素を取り入れているのかな。

植物をよりよく育てるために必要なものはなんだろう。

実・種子　花
光合成
呼吸
酸素
二酸化炭素
気孔
水蒸気
くき
蒸散
いも
根
水

見方・考え方の
ポイント

評価がしやすい！

　単元を通して学んだ植物の生命を維持する働きを図や絵で表現することが考えられます。実験結果を根拠に明確に表現させることで「思考・判断・表現」の評価ができます。

実践編 第6学年

学習指導案例

1　単元名
「植物の養分と水の通り道」

2　本時の目標
　植物の体のつくりと体内の水などの行方や葉で養分をつくる働きに着目し，生命を維持する働きを多面的に調べる活動を通して，植物の体のつくりと働きについてより妥当な考えをつくりだし表現している。

3　本時で育成する「資質・能力」と授業構想
　本時では，単元末での学習のまとめとして，植物の生命を維持するための機能と構造について，「人の体のつくりと働き」と比較することで資質・能力の3つの柱のうち「思考力，判断力，表現力等」の多面的な考え方を働かせて，より妥当な考えをつくりだし表現することに重点を置く。

4　働かせる「見方・考え方」について

働かせる見方（共通性・多様性）	働かせる考え方（多面的に見る）
「人と植物について共通するところやさまざまな特徴に着目する」という「共通性・多様性」の見方を働かせて，生物の機能や構造についてより妥当な考えをつくりだすことにつなげる。	複数の実験結果や「人の体のつくりと働き」との比較をもとに生物の機能と構造について多面的に考え，より妥当な考えをつくりだすことにつなげる。

5　本時の展開（7・8／8）

	学習活動・内容	○指導上の留意点　☆評価
導入	1　予想を確認する。 T：植物の葉に日光が当たるとでんぷんができるかどうか予想はどうでしたか。 C：発芽のときの養分はでんぷんだったから，日光が当たるとできると思う。 C：植物では，人でいうご飯がでんぷんだからできるはず。	○学習問題を確認し，前時での予想や実験計画，結果の見通しについて振り返る。 ○「植物の発芽」をもとにした予想や「人の体のつくりと働き」と比較して「共通性・多様性」の見方を働かせた予想を価値づける。

	学習活動・内容	○指導上の留意点　☆評価
	植物の葉に日光が当たると，でんぷんができるのだろうか。	
展開	**2　条件や結果の見通しを確認する。** T：学習問題を解決するために，どのような条件で実験をしていますか。 C：①は朝そのまま取って，②は朝アルミニウムはくをはがして，③はそのままにしておいた。 T：どうしてそのような条件の葉を用意しましたか。 C：①は朝でんぷんがないことを確かめるため。②と③は日光が当たるものと当たらないものを比較するため。 C：日光が当たるとでんぷんができるなら②からでんぷんが出るはず。 **3　①②③にでんぷんがあるかを調べて結果を共有する。** **4　実験結果をもとに考察する。** C：①の結果から日光に当たる前はでんぷんがないといえる。 C：②と③を比べると，②だけにでんぷんがあるから，葉に日光が当たるとでんぷんができるといえるね。 T：（あ）と（い）どちらの結果からも同じことがいえますか。 C：どちらも，②だけ変化したから同じことがいえる。 C：2つの実験結果から考えた方が説得力があるね。	○①②③それぞれの条件の意味についてしっかりと確認する。 まず，朝①にでんぷんがあるか確かめます。なければ，②か③ででんぷんが出てきたときに，朝①を取った後にでんぷんができたといえます。 日光が当たる条件だけを変えた②と③を用意します。②と③の結果を比べれば，日光が当たるとでんぷんができるのかがわかります。 ○複数の実験結果からより妥当な考えをつくりだすために，たたき染めで調べる方法（あ）とエタノールで葉の緑色を抜いて調べる方法（い）を行うこともできる。 ココがヤマ場！ 「多面的に見る考え方」や「共通性・多様性」の見方が働いた発言を価値づけて深い学びにつなげよう。
まとめ	**5　植物の機能と構造について単元の学習を振り返りまとめる。** C：人も植物も水分や栄養を全身に運ぶための通り道があるね。 C：人はご飯を食べるけど，植物は自分で栄養をつくるところが違うね。 C：生きていくための工夫がそれぞれあるね。 C：人と植物は違うと思っていたけど，似ているところも発見して，植物はすごいと思ったよ。	○2つの実験を行った場合，1つの実験結果に偏っているときには，複数の実験結果に目が向くような発問をする。 ☆植物の体のつくりと働きについて，より妥当な考えをつくりだし表現している。（ノート・発言）【思考・判断・表現】

実践編　第6学年

（武田　陽）

編著者紹介

寺本貴啓（てらもと たかひろ）

國學院大學人間開発学部准教授，博士（教育学）

静岡県の小・中学校教諭を経て，広島大学大学院に学んだ後，大学教員になる。専門は，理科教育学・学習科学・教育心理学。特に，教師の指導法と子どもの学習理解の関係性に関する研究，その周辺の学習評価，教員養成，ICT 機器を活用した指導に関する研究に取り組んでいる。主な著書に，『板書で見る全単元・全時間の授業のすべて 理科 小学校 3 年』『イラスト図解ですっきりわかる理科』（以上，東洋館出版社）など。

執筆者一覧（執筆順，所属は 2020 年 9 月現在）

寺本貴啓……（編著）上掲 [解説編，実践編 コラム 1〜4]
辻　　健……筑波大学附属小学校教諭 [実践編 第 3〜6 学年の特徴]
岡田洋平……神奈川県横浜市立上大岡小学校主幹教諭 [実践編 第 3 学年 1]
德武淳子……神奈川県川崎市立久本小学校教諭 [実践編 第 3 学年 2]
木月里美……東京都武蔵野市立井之頭小学校教諭 [実践編 第 4 学年 1]
芳賀淳一……神奈川県川崎市立下沼部小学校総括教諭 [実践編 第 4 学年 2]
志田正訓……筑波大学附属小学校教諭 [実践編 第 5 学年 1]
齋藤照哉……神奈川県川崎市立日吉小学校教諭 [実践編 第 5 学年 2]
尾方優祐……神奈川県横浜市立白幡小学校教諭 [実践編 第 6 学年 1]
武田　陽……神奈川県横浜市立西が岡小学校教諭 [実践編 第 6 学年 2]

小学校　新教科書 ここが変わった! 理科
「主体的・対話的で深い学び」をめざす 新教科書の使い方

2020 年 12 月 15 日　第 1 刷発行

編著者　寺本貴啓
発行者　河野晋三
発行所　株式会社 日本標準
　　　　〒 167-0052　東京都杉並区南荻窪 3-31-18
　　　　電話　03-3334-2640 [編集]
　　　　　　　03-3334-2620 [営業]
　　　　https://www.nipponhyojun.co.jp/

印刷・製本　株式会社 リーブルテック